한 권으로 영어, 한국어, 한글 완성하기…
Complete English, Korean, and Hangeul with one book…

세계인의
한글 공부

The study of Hangeul among the world

ㅎ ㅕ ㅅ ㅠ ㅏ
ㅍ ㅜ ㄹ ㅊ ㅠ ㄱ ㅋ ㅖ

(유)태평양저널

CONTENTS I 차 례 ①

차례 ②   CONTENTS Ⅱ

CONTENTS III 차 례

차 례 ④ CONTENTS IV

일러두기

1 바른자세

글씨를 예쁘게 쓰고자 하는 마음과 함께 몸가짐을 바르게 해야 아름다운 글씨를 쓸 수 있다. 편안하고 부드러운 자세를 갖고 써야 한다.

① 앉은자세 : 방바닥에 앉은 자세로 쓸 때에는 양 엄지발가락과 발바닥의 윗부분을 얕게 포개어 앉고, 배가 책상에 닿지 않도록 한다. 그리고 상체는 앞으로 약간 숙여 눈이 지면에서 30cm 정도 떨어지게 하고, 왼손으로는 종이를 가볍게 누른다.
② 걸터앉은 자세 : 의자에 앉아 쓸 경우에도 앉을 때 두 다리를 어깨 넓이만큼 뒤로 잡아당겨 편안한 자세를 취한다.

2 펜대를 잡는 요령

① 펜대는 펜대 끝에서 1cm 가량 되게 잡는 것이 알맞다.
② 펜대는 45~60°만큼 몸 쪽으로 기울어지게 잡는다.
③ 집게손가락과 가운뎃손가락, 엄지손가락 끝으로 펜대를 가볍게 쥐고 양손가락의 손톱 부리께로 펜대를 안에서부터 받쳐 잡고 새끼손가락을 바닥에 받쳐 준다.
④ 지면에 손목을 굳게 붙이면 손가락끝만으로 쓰게 되므로 손가락끝이나 손목에 의지하지 말고 팔로 쓰는 듯한 느낌으로 쓴다.

연필의 각도

펜의 각도

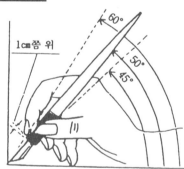

볼펜의 각도

일 러 두 기

3 낱말의 배열
sam natjaui baeyeol

한국 한글은 글자 한 자 한 자가 닿소리와 홀소리 글자 둘 이상이
hangug hangeul-eun geulja han ja han jaga dahsoliwa holsoli geulja dul isang-i
맞춰져서 이루어진 것이다. 예를 들면 <학교>라는 두 글자는
majchwojyeoseo ilueojin geos-ida. yeleul deulmyeon <haggyo>laneun du geuljaneun
<ㅎㅏㄱ> <ㄱㅛ>라는 다섯개의 낱자로 구성되어 있다.
<ha ag> <gy-o>laneun daseos gaeui natjalo guseongdoeeo issda.

1. 표제어의 낱말은 첫소리(닿소리)와 가운뎃소리, 끝소리(받침)의
   차례로 벌여 놓았다.
il. pyojeeoui natmal-eun cheos-soli(dahsoliwa)wa gaunde soli, kkeutsoli(badchim)ui chalyelo
   beollyeo nah-assdal.

(1) 첫소리의 차례(자음)
(il) cheos-soliui chalye(jaeum)

ㄱ ㄲ ㄴ ㄷ ㄸ ㄹ ㅁ ㅂ ㅃ ㅅ
ㅆ ㅇ ㅈ ㅉ ㅊ ㅋ ㅌ ㅍ ㅎ

giyeog ssang-giyeog nieun digeud ssang-digeud lieul mieum bieub ssang-bieub sios
ssang-sios ieung jieuj ssang-jieuj chieuch kieuk tieut pieup hieuh

(2) 가운뎃소리의 차례(모음)
(i) gaunde-soliui chalye(mo-eum)

ㅏ ㅐ ㅑ ㅒ ㅓ ㅔ ㅕ ㅖ ㅗ ㅘ ㅙ ㅚ ㅛ ㅜ ㅝ ㅞ ㅟ ㅠ ㅡ ㅢ ㅣ
  a ae ya yae eo e yeo ye o wa wae oe yo u wo we wi yu eu ui i

(3) 끝소리의 차례(받침)
(sam) kkeutsoliui chalye(badchim)

ㄱ ㄲ ㄳ ㄴ ㄵ ㄶ ㄷ ㄸ ㄹ ㄺ ㄻ ㄼ ㄾ ㄿ
ㅀ ㅁ ㅂ ㅃ ㅄ ㅅ ㅆ ㅇ ㅈ ㅉ ㅊ ㅋ ㅌ ㅍ ㅎ

2. 소리와 글자가 같으나 뜻이 다른 말은 그 낱말의 오른쪽에 각각
(i) soliwa geuljaga gat-euna tteus-i daleun mal-eun geu natjaui oleunjjog-e gaggag
   1, 2, 3, …의 번호를 붙여 구별하였다.
   il, I, sam, …ui beonholeul but-yeo gubyeolhayeossda

아래 단어들을 큰소리로 읽어 보세요..

한글영문표기일람

한글	영문	한글	영문	한글	영문	한글	영문
ㅏ	a	ㅕ	yeo	ㄱ	g,k	ㅋ	k
ㅓ	ae	ㅛ	yo	ㄴ	n	ㅌ	t
ㅗ	o	ㅠ	yu	ㄷ	d,t	ㅍ	p
ㅜ	u	ㅒ	yae	ㄹ	r,l	ㅎ	h
ㅡ	eu	ㅖ	ye	ㅁ	m	ㄲ	kk
ㅣ	i	ㅘ	wa	ㅂ	b,p	ㄸ	tt
ㅐ	ae	ㅙ	wae	ㅅ	s	ㅃ	pp
ㅔ	e	ㅝ	wo	ㅇ	ng	ㅆ	ss
ㅚ	oe	ㅞ	we	ㅈ	j	ㅉ	jj
ㅟ	wi	ㅢ	ui	ㅊ	ch		
ㅑ	ya						

한글 쓰기 기초
Korean's Alphabet

제 1 장 Chapter Ⅰ

기본한글쓰기
KOREAN'S ALPHABET

가 열

가	갸	거	겨	고	과	교	구	규	기
GA	GYA	GEO	GYEO	GO	GWA	GYO	GU	GYU	GI
가	갸	거	겨	고	과	교	구	규	기
가	갸	거	겨	고	과	교	구	규	기

강	걀	격	겹	공	관	곡	국	균	길
GANG	GYAL	GEOK	GYEOB	GONG	GWAN	GOK	GUK	GYUN	GIL
강	걀	격	겹	공	관	곡	국	균	길
강	걀	격	겹	공	관	곡	국	균	길

제 1 장 Chapter I

기본한글쓰기 —— 나 열
KOREAN'S ALPHABET

나	냐	너	녀	노	놔	누	뉘	느	니
NA	NYA	NEO	NYEO	NO	NWA	NU	NWI	NEU	NI
나	냐	너	녀	노	놔	누	뉘	느	니
나	냐	너	녀	노	놔	누	뉘	느	니

날	냥	넌	년	농	놨	눈	뉜	능	닐
NAL	NYANG	NEON	NYEON	NONG	NWASS	NUN	NWIN	NEUNG	NIL
날	냥	넌	년	농	놨	눈	뉜	능	닐
날	냥	넌	년	농	놨	눈	뉜	능	닐

| 제 1 장 Chapter I | 기본한글쓰기 KOREAN'S ALPHABET | | | | | | | | 다 열 |

다	댜	더	도	돼	두	뒤	듀	드	디
DA	DYA	DEO	DO	DWAE	DU	DWI	DEU	DEU	DI
다	댜	더	도	돼	두	뒤	듀	드	디
다	댜	더	도	돼	두	뒤	듀	드	디

당	달	덩	동	됐	둥	뒷	둘	득	딜
DANG	DYAL	DEON	DONG	DWASS	DUNG	DWIS	DUL	DEUK	DIL
당	달	덩	동	됐	둥	뒷	둘	득	딜
당	달	덩	동	됐	둥	뒷	둘	득	딜

제 1 장 Chapter I

기본한글쓰기 — 라 열
KOREAN'S ALPHABET

라	래	러	려	로	료	루	류	르	리
RA	RAE	REO	RYEO	RO	RYO	RU	RYU	REU	RI
라	래	러	려	로	료	루	류	르	리
라	래	러	려	로	료	루	류	르	리

락	랬	렁	렸	롭	룡	룰	륜	른	립
RAK	RYAESS	REOH	RYEOSS	ROB	RYONG	RUL	RYUN	REUN	RIB
락	랬	렁	렸	롭	룡	룰	륜	른	립
락	랬	렁	렸	롭	룡	룰	륜	른	립

제 1 장 Chapter I

기본한글쓰기 — KOREAN'S ALPHABET

마 열

마	매	머	며	모	묘	무	뭐	뮤	미
MA	MAE	MEO	MYEO	MO	MYO	MU	MWO	MYU	MI
마	매	머	며	모	묘	무	뭐	뮤	미
마	매	머	며	모	묘	무	뭐	뮤	미

말	맵	멍	면	몹	못	뭉	뭔	뮨	민
MAL	MAEB	MEONG	MEON	MOB	MOS	MUNG	MWON	MYUN	MIN
말	맵	멍	면	몹	못	뭉	뭔	뮨	민
말	맵	멍	면	몹	못	뭉	뭔	뮨	민

제 1 장 Chapter I **기본한글쓰기 — 바 열**
KOREAN'S ALPHABET

바	배	버	베	벼	보	뵈	부	뷰	비
BA	BAE	BEO	BE	BYEO	BO	BOE	BU	BYU	BI
바	배	버	베	벼	보	뵈	부	뷰	비
바	배	버	베	벼	보	뵈	부	뷰	비

발	백	법	벨	별	봉	법	북	불	빌
BAL	BAEK	BEOB	BEL	BYEOL	BONG	BOEB	BUK	BYUL	BIL
발	백	법	벨	별	봉	법	북	불	빌
발	백	법	벨	별	봉	법	북	불	빌

제 1 장 Chapter I
기본한글쓰기 — 사 열
KOREAN'S ALPHABET

사	새	서	셔	소	수	쉬	슈	스	시
SA	SAE	SEO	SYEO	SO	SU	SWI	SYU	SEU	SI
사	새	서	셔	소	수	쉬	슈	스	시
사	새	서	셔	소	수	쉬	슈	스	시

상	생	성	셨	소	순	쉰	술	승	실
SANG	SAENG	SEONG	SYEOSS	SO	SUN	SWIN	SYUL	SEUNG	SIL
상	생	성	셨	소	순	쉰	술	승	실
상	생	성	셨	소	순	쉰	술	승	실

| 제 1 장
Chapter I | 기본한글쓰기
KOREAN'S ALPHABET | | | | | | | 아 열 | |

아	어	에	여	오	와	요	우	유	이
A	EO	E	YEO	O	WA	YO	U	YU	I
아	어	에	여	오	와	요	우	유	이
아	어	에	여	오	와	요	우	유	이

앗	얼	엘	였	옵	왔	옥	운	융	있
ASS	EOL	EL	YEOSS	OB	WASS	YOK	UN	YUNG	ISS
앗	얼	엘	였	옵	왔	옥	운	융	있
앗	얼	엘	였	옵	왔	옥	운	융	있

| 제 1 장 Chapter I | 기본한글쓰기 KOREAN'S ALPHABET | | | | | | | 자 열 | |

자	재	저	제	져	조	좌	죠	주	즈
JA	JAE	JEO	JE	JYEO	JO	JWA	JYO	JU	JEU
자	재	저	제	져	조	좌	죠	주	즈
자	재	저	제	져	조	좌	죠	주	즈

작	쟁	정	젤	졌	종	좋	중	준	죽
JAK	JAENG	JEONG	JEL	JYEOSS	JONG	JOH	JUNG	JUN	JEUL
작	쟁	정	젤	졌	종	좋	중	준	죽
작	쟁	정	젤	졌	종	좋	중	준	죽

제 1 장 Chapter I

기본한글쓰기 —— 차 열
KOREAN'S ALPHABET

차	채	처	쳐	초	최	추	취	츠	치
CHA	CHAE	CHEO	CHYEO	CHO	CHOE	CHU	CHWI	CHEU	CHI
차	채	처	쳐	초	최	추	취	츠	치
차	채	처	쳐	초	최	추	취	츠	치

착	책	청	철	쳤	총	촉	충	층	칙
CHAK	CHAEK	CHEONG	CHEOL	CHYEOSS	CHONG	CHOK	CHUNG	CHEUNG	CHIK
착	책	청	철	쳤	총	촉	충	층	칙
착	책	청	철	쳤	총	촉	충	층	칙

제 1 장 Chapter I

기본한글쓰기 ── KOREAN'S ALPHABET

카 열

카	캐	커	켜	코	쿠	퀴	큐	크	키
CHA	CHAE	CHEO	CHYEO	CHO	CHU	CHWI	CHYU	CHEU	CHI
카	캐	커	켜	코	쿠	퀴	큐	크	키
카	캐	커	켜	코	쿠	퀴	큐	크	키

캉	캔	컹	켰	콩	쿵	퀸	큘	큰	킹
CHANG	CHAEN	CHEONG	CHYEOSS	CHONG	CHUNG	CHWIN	CHYUL	CHEUN	CHING
캉	캔	컹	켰	콩	쿵	퀸	큘	큰	킹
캉	캔	컹	켰	콩	쿵	퀸	큘	큰	킹

제 1 장 Chapter I · 기본한글쓰기 — 타 열
KOREAN'S ALPHABET

타	태	터	테	토	투	튀	튜	트	티
TA	TAE	TEO	TE	TO	TU	TWI	TYU	TEU	TI
타	태	터	테	토	투	튀	튜	트	티
타	태	터	테	토	투	튀	튜	트	티

탑	택	털	텔	통	퉁	튄	튤	특	틴
TAB	TAEK	TEOL	TEL	TONG	TUNG	TWIN	TYUL	TEUK	TIN
탑	택	털	텔	통	퉁	튄	튤	특	틴
탑	택	털	텔	통	퉁	튄	튤	특	틴

제 1 장
Chapter I

기본한글쓰기
KOREAN'S ALPHABET

파 열

파	패	퍼	페	펴	포	푸	퓨	프	피
PA	PAE	PEO	PE	PYEO	PO	PU	PYU	PEU	PI
파	패	퍼	페	펴	포	푸	퓨	프	피
파	패	퍼	페	펴	포	푸	퓨	프	피

판	팽	퍽	펙	평	퐁	풀	품	픈	필
PAN	PAENG	PEOK	PEK	PYEONG	PONG	PUL	PUM	PEUN	PIL
판	팽	퍽	펙	평	퐁	풀	품	픈	필
판	팽	퍽	펙	평	퐁	풀	품	픈	필

제 1 장 Chapter I

기본한글쓰기 — KOREAN'S ALPHABET

하 열

하	해	허	혀	호	효	후	휴	흐	희
HA	HAE	HEO	HYEO	GO	HYO	HU	HYU	HEU	HUI
하	해	허	혀	호	효	후	휴	흐	희
하	해	허	혀	호	효	후	휴	흐	희

한	행	험	현	홍	확	훈	흉	흥	힘
HAN	HAENG	HEOM	HYEON	HONG	HWAK	HUN	HYUNG	HEUNG	HIM
한	행	험	현	홍	확	훈	흉	흥	힘
한	행	험	현	홍	확	훈	흉	흥	힘

색 상 (색깔) The tone of coler.

Red	Orange	Yellow	Green	Blue
빨 강	주 황	노 랑	초 록	파 랑
PPAL GANG	JU HWANG	NO RANG	CHO ROK	PA RANG
빨 강	주 황	노 랑	초 록	파 랑
빨 강	주 황	노 랑	초 록	파 랑

Navyblue	Violet	White	Black	Gray
군 청	보 라	흰 색	검 정	회 색
GUN CHEONG	BO RA	HUIN SAEK	GEOM JEONG	HOE SAEK
군 청	보 라	흰 색	검 정	회 색
군 청	보 라	흰 색	검 정	회 색

중요 단어 익히기
most frequently used words

제 2 장 Chapter II 계절 Season

spring	summer		fall		winter	
봄	여	름	가	을	겨	울
BOM	YEO	REUM	GA	EUL	GYEO	UL
봄	여	름	가	을	겨	울

warm	hot		refreshing			cold	
따뜻하다	덥	다	서늘하다			춥	다
TTA TTEUT HA DA	DEOB	DA	SEO NEUL HA DA			CHUB	DA
따뜻하다	덥	다	서늘하다			춥	다

중요숙어 IDIOMS

궂은 날씨 - bad weather = foulweather.
눈내리는 날씨 - snowy weather.
변덕스런 날씨 - changeable weather.

제 2 장 Chapter II

날 씨
weather

fine	cloudy	rain · wind	clear
맑 다	흐리다	비 · 바람	개 다
MAK TTA	HEU RI DA	BI BA RAM	GAE DA
맑 다	흐리다	비 · 바람	개 다

snow	storm	fall of snow	typhoon
눈	폭풍우	폭 설	태 풍
NUN	POK PUNG U	POK SSEOL	TAE PUNG
눈	폭풍우	폭 설	태 풍

중요숙어 IDIOMS

서늘한 날씨 - cool weather.
습한 날씨 - humid weather.
안개 낀 날씨 - foggy weather.

제 2 장 Chapter II	개수와 계산〈1〉 the number of articles and counting money.		
a piece	**two pieces**	**three pieces**	**four pieces**
한(1)개	두(2)개	세(3)개	네(4)개
HAN (HAN) GAE	DU (DU) GAE	SE (SE)GAE	NE (NE) GAE
한(1)개	두(2)개	세(3)개	네(4)개
*하나 개(×)	*둘 개(×)	*셋 개(×)	*넷 개(×)
1 won	**2 won**	**3 won**	**4 won**
일(1)원	이(2)원	삼(3)원	사(4)원
IL (IL) WON	I (I) WON	SAM (SAM) WON	SA (SA) WON
일(1)원	이(2)원	삼(3)원	사(4)원

중요숙어 IDIOMS	개수는 읽거나 말할 때 GESSU로 발음한다. 수량 - quantity = volume. 수량이 늘다 - gain in quantity.

제 2 장 Chapter II

수량이 줄다〈2〉
diminish in quantity

five pieces	six pieces	seven pieces	eignt pieces
다섯(5)개	여섯(6)개	일곱(7)개	여덟(8)개
DA SEOT(DA SEOT)GAE	YEO SEO T(YEO SEOT)GAE	IL GOB (IL GOB) GAE	YEO DEOB(YEO DEOB)GAE
다섯(5)개	여섯(6)개	일곱(7)개	여덟(8)개

5 won	6 won	7 won	8 won
오(5)원	육(6)원	칠(7)원	팔(8)원
O (O) WON	YUK (YUK) WON	CHIL (CHIL) WON	PAL (PAL) WON
오(5)원	육(6)원	칠(7)원	팔(8)원

중요숙어 IDIOMS

수효를 늘리다 - increase the number of~.
수효를 줄이다 - decrease the number of~.
수효를 세다 - count = count the number.

제 2 장 Chapter II		사람의 수효〈3〉 the number of persons	
nine pieces	**ten pieces**	**eleven pieces**	**twelve pieces**
아홉(9)개	열(10)개	열 한(11)개	열 두(12)개
A HOB (A HOB) GAE	YEOL (YEOL) GAE	YEUL HAN(YEUL HAN) GAE	YEOL DU(YEOL DU) GAE
아홉(9)개	열(10)개	열 한(11)개	열 두(12)개
		*열하나 개(×)	*열둘 개(×)
9 won	**10 won**	**11 won**	**12 won**
구(9)원	십(10)원	십일(11)원	십이(12)원
GU (GU) WON	SIB (SIB) WON	SHB IL (SIB IL) WON	SIB I (SIB I) WON
구(9)원	십(10)원	십일(11)원	십이(12)원

중요숙어 IDIOMS	수효가 많다 - be many (=be large) in number. 수효가 적다 - be few(=be small) number. 수효가 늘다 - grow in number.

제 2 장 Chapter II	~의 수효를 세다〈4〉 take count of~	
twenty pieces	21 pieces	27 pieces
스무(20)개	스물 한(21)개	스물 일곱(27)개
SEU MU (SEU MU) GAE	SEU MUL HAN(SEU MUL HAN)GAE	SEU MUL IL GOB (SEU MUL IL GOB) GAE
스무(20)개	스물 한(21)개	스물 일곱(27)개
*스물 개(×)	*스무 한개(×)	*스무 일곱개(×)
20 won	21 won	27 won
이십(20)원	이십일(21)원	이십칠(27)원
I SIB (I SIB) WON	I SIB IL (I SIB IL) WON	I SIB CHIL(I SIB CHIL) WON
이십(20)원	이십일(21)원	이십칠(27)원

중요숙어 IDIOMS

차 두 잔 - two cups of tea.
맥주 한 잔 - a glass of beer.
술을 석 잔 마시다 - drink three cups of wine.

제 2 장 Chapter Ⅱ

개당 가격(한 개당)⟨5⟩
a unit price.

thirty pieces	forty pieces	fifty pieces
서른(30)개	마흔(40)개	쉰(50)개
SEO REUN(SEU REUN) GAE	MA HEUN (MA HEUN) GAE	SWIN (SWIN) GAE
서른(30)개	마흔(40)개	쉰(50)개
* SAM SIB GAE (○)	* SA SIB GAE (○)	* O SIB GAE (○)

30 won	40 won	50 won
삼십(30)원	사십(40)원	오십(50)원
SAM SIB (SAM SIB) WON	SA SIB (SA SIB) WON	O SIB (O SIB) WON
삼십(30)원	사십(40)원	오십(50)원

중요숙어 IDIOMS

개당 500원 - five hundred won each.
세탁 비누 세 개 - three sticks of wash soap.
의자 다섯 개 - five chairs.

제 2 장 Chapter II

가격을 올리다〈6〉
raise prices

sixty pieces	seventy pieces	eighty pieces
예순(60)개	일흔(70)개	여든(80)개
YE SUN (YE SUN) GAE	IL HEUN (IL HEU) GAE	YEO DEUN (YEO DEUN) GAE
예순(60)개	일흔(70)개	여든(80)개

60 won	70 won	80 won
육십(60)원	칠십(70)원	팔십(80)원
YUK SIB (YUK SIB) WON	CHIL SIB (CHI SIB) WON	PAL SIB (PAL SIB) WON
육십(60)원	칠십(70)원	팔십(80)원

중요숙어 IDIOMS

싼 집세 - a low rent.
싸게 - cheap(-ly).
싸게 팔다 - sell cheap.

제 2 장 Chapter II	가격을 유지하다〈7〉 maintain prices

ninety pieces	a hundred pieces
아흔 (90) 개	일 백 or 백 (100) 개
A HEUN (A HEUN) GAE	IL BAEK BAEK (BAEK) GAE
아흔 (90) 개	일 백 or 백 (100) 개
* GU SIB GAE (○)	

90 won	100 won
구 십 (90) 원	백 (100) 원
GU SIB (GU SIB) WON	BAEK (BAEK) WON
구 십 (90) 원	백 (100) 원

중요숙어 IDIOMS	아주 싸게 팔다 - dirt cheap = sell dog cheap. 싸게 사다 - buy cheap = make a good bargaing. 비싸게 부르다 - charge too much = overcharge.

제 2 장 Chapter II

가격을 동결하다〈8〉
freeze prices

two hundred pieces	thousand pieces
이 백 (200) 개	(일) 천 (1000) 개
I BAEK (I BAEK)GAE	(IL) CHEON (CHEON) GAE
이 백 (200) 개	(일) 천 (1000) 개

200 won	1000 won
이 백 (200) 원	(일) 천 (1000) 원
I BAEK (I BAEK) WON	(IL) CHEON (CHEON) WON
이 백 (200) 원	(일) 천 (1000) 원

중요숙어 IDIOMS

비싸게 사다 - buy at a high price.
비싸게 팔다 - sell dear = sell at a high price.
비싸게 받다 - charge too high.

제 2 장 Chapter II	가격을 내리다〈9〉 lower prices
three hundred pieces	**ten hundred pieces**
삼 천 (3000) 개	(일) 만 (10000) 개
SAM CHEON　(SAM CHEON)　GAE	(IL)　　MAN　　(MAN)　　GAE
삼 천 (3000) 개	(일) 만 (10000) 개
3000 won	**10000 won**
삼 천 (3000) 원	(일) 만 (10000) 원
SAM　CHEON　(SAM CHEON)　WON	(IL)　　MAN　　(MAN)　　WON
삼 천 (3000) 원	(일) 만 (10000) 원

중요숙어 IDIOMS

일만원짜리 지폐 - a ten thousand won note.
가격이 합당하다 - be reasonable in price.
가격을 내리다 - bring down price.

제 2 장 Chapter II

가격을 정하다 〈10〉
fix a piece

15000 pieces	653000 pieces
만오천 (15000) 개	**육십오만삼천개**
MAN O CHEON (MAN O CHEON) GAE	YUK SIB O MAN SAM CHEON GAE
만오천 (15000) 개	육십오만삼천개

15000 won	653000 won
만오천 (15000) 원	**육십오만삼천원**
MAN O CHEON (MAN O CHEO) WON	YUK SIB O MAN SAM CHEON WON
삼천 (3000) 원	육십오만삼천원

중요숙어 IDIOMS

터무니 없이 비싼 가격 - an exorbitant price.
비싸게 잡아도
   = at most = at the highest estimation.

제 2 장 Chapter II	비싼 물건(11) high-priced goods

nine million pieces	1500 million pieces
구백(900)만개	천오백만개
GU BAEK (GU BAEK) MAN GAE	CHEON O BAEK MAN GAE
구백(900)만개	천오백만개

nine million won	1500 million won
구백만원	천오백만원
GU BAEK MAN WON	CHEON O BAEK MAN WON
구백만원	천오백만원

중요숙어 IDIOMS	수천만의 - tens of millions of~. ~은 유감천만이다 - It is a thousand pities that~. 천만의 말씀입니다 - Oh, no, not at all.

제 2 장 Chapter II

요일
a day of the week

A weekday	Sunday	Monday	Tuesday
일주일	일요일	월요일	화요일
IL JU IL	IL YO IL	WOL YO IL	HWA YO IL
일주일	일요일	월요일	화요일

Wendesday	Thursday	Firday	Saturday
수요일	목요일	금요일	토요일
SU YO IL	MOK YO IL	GEUM YO IL	TO YO IL
수요일	목요일	금요일	토요일

중요숙어 IDIOMS

바람이 강한 날씨 - windy weather.
비오는 날씨 - rainy weather.
우중충한 날씨 - gloomy weather.

제 2 장
Chapter II

월(달) ⟨1⟩
Month

January	February	March	April
일(1)월	이(2)월	삼(3)월	사(4)월
IL (IL) WOL	I (I) WOL	SAM (SAM) WOL	SA (SA) WOL
일(1)월	이(2)월	삼(3)월	사(4)월

May	June	July	August
오(5)월	유(6)월	칠(7)월	팔(8)월
O (O) WOL	YU (YU) WOL	CHIL (CHIL) WOL	PA L(PAL) WOL
오(5)월	유(6)월	칠(7)월	팔(8)월
	*YUK WOL(×)		

중요숙어
IDIOMS

맑은(좋은) 날씨 - good weather = fine weather.
따듯한 날씨 - warm weather.
더운 날씨 - hot weather.

제 2 장 Chapter II

월(달) ⟨2⟩
Month

September	October	November
구(9)월	시(10)월	십일(11)월
GU　　(GU)　WOL	SI　　(SI)　WOL	SIB IL　(SIB IL)　WOL
구(9)월	시(10)월	십일(11)월
	*SIB WOL(×)	*Si IL WOL(×)

December	March and April	June and July
십이(12)월	삼사월	육칠월
SIB Ⅰ　(SIB Ⅰ)　WOL	SAM SA WOL	YUK CHIL WOL
십이(12)월	삼사월	육칠월
		*YU CHIL WOL(×)

중요숙어 IDIOMS

무더운 날씨 - muggy weather.
얼어 붙는 듯한 날씨 - freezing weather.
잔뜩 찌푸른 날씨 - overcast weather.

제 2 장 Chapter II

몇시예요?
what's the time?

what time is now?	what time is it?
지금 몇시입니까?	**몇시나 되었나요?**
GI GEUM MYEOT SSI IM NI KKA↗	MYEOT SSI NA DOE EON NA YO→
지금 몇시입니까?	몇시나 되었나요?

what train shall we take?

(우리)몇시 기차를(기찰)탈까?

(U RI) MYEOT SSI GI CHA REUL (GI CHAL) TAL KKA↗

(우리)몇시 기차를(기찰)탈까?

중요숙어
IDIOMS

여기서 대전까진(대전까지는)
몇 시간 걸립니까(걸리나요)?
How long dose it take from here to Daejeon?

한국어 기초 회화익히기
Best Basic Conversation of Korean Language

회화익히기 -1

발음기호 때문에 애먹는 외국인을
위하여 로마 표기법을 원칙으로 하되
소리나는 대로 표기하여 한국어
학습을 하시는 외국 분들의 편의를
제공하였습니다.

제 3 장 Chapter III	안녕하세요? Good morning, Good afternoon, Good evening.

Good morning(afternoon, evening)

안녕하세요?	(시)아버님!	
ANN YEONG HA SE YO ♩	(SI) A BEO NIM ♩	
안녕하세요?	(시)아버님!	husband's father
	(시)어머님!	husband's mother
	선생님!	theacher

Hi! how are you?

안녕! 잘있었어?	친 구	
AN NYEONG! JAL IT SSEOT SSEO ♩	CHIN GU ↘	
안녕! 잘있었어?	친 구	friend
	동 생	younger brother
	애 인	a lover(남자) a love (여자)

| 제 3 장
Chapter III | 안녕하세요?
Good afternoon(pm). |

Hi!	Good afternoon.
안 녕!	안녕하세요?
AN NYEONG ♪	ANN YEONG HA SE YO ♪
안 녕!	안녕하세요?

Hi!	How are you?
안 녕!	어떻게 지내(니)?
AN NYEONG ♪	EO TTEO KKE JI NAE (NI) ♪
안 녕!	어떻게 지내(니)?

제 3 장 Chapter III

응! 잘지내.
Yes! Fine thank you.

Yes! Fine thank you, and you?

응! 잘지내, 고마워. 너는?

| EUNG | JAL JI NAE, | GO MA WO. → | NEO NEUN ↗ |

응! 잘지내. 고마워. 너는?

Yes, I'm fine too. Thank you.

응! 나도 잘 지내고 있어. 고마워.

| EUNG! | NA DO JAL JI NAE GO ISS EO. → | GO MA WO. → |

응! 나도 잘 지내고 있어. 고마워.

제 3 장 Chapter III

만나서 반갑다.
Glad to meet you.

Really, glad to meet you. me too.

만나서 정말(로) 반갑다. 나도.

MAN NA SEO JEONG MAL (RO) BAN GAB TTA.→ NA DO.→

만나서 정말(로) 반갑다. 나도.

Who is that?　　　　**Yes~..., Look here...! = I say...**

저분은 누구야? 응~, 저.. 말이야!

JEO BUN EUN NU GU YA↗ EUNG~, JEO... MAL I YA→

저분은 누구야? 응~, 저.. 말이야!

제3장 Chapter III	이분은 우리 어머님이셔. This my mother.

This my mother(husband's mother).

이분은 우리 (시)어머님이야. ~이셔.

I	BUN	EUN	U	RI	(SI)	EO	MEO	NIM	I	YA →	~	I	SYEO →

이분은 우리 (시)어머님이야. ~이셔.

This my father(husband's father)

이분은 우리 (시)아버님이야. ~이셔.

I	BUN	EUN	U	RI	(SI)	A	BEO	NIM	I	YA →	~	I	SYEO →

이분은 우리 (시)아버님이야. ~이셔.

제 3 장 Chapter III

만나서 반가워요.
Nice to meet you.

Oh! How do you do! Glad to meet you.

오! 그래? 만나서 반갑습니다.

O!　GEU RAE↗　MAN NA SEO　BAN GAB SSEUM NI DA→

오! 그래? 만나서 반갑습니다.

Yes, Nice to meet you.

예, 만나서 반가워요.

YE　MAN NA SEO　BAN GA WO YO→

예, 만나서 반가워요.

제 3 장
Chapter III

제(저의) 이름은 리나예요.

My name is Rina.

My name is Rina.

나의(제) 이름은 리나예요.

NA UI (JE) I REUM EUN RI NA YE YO ↘

나의(제) 이름은 리나예요.

Oh!(rina)? It's a good name.

오! 그래요? 이름이 참 예쁘네요.

O! GEU RAE YO ↗ I REU MI CHAM YE PPEU NE YO ↘

오! 그래요? 이름이 참 예쁘네요.

제 3 장
Chapter Ⅲ

이곳이 우리집이야.
This is my house.

This is my house.(husband's home)

이곳이 우리집이야.(남편의 본가)

이	곳이		우	리	집	이	야→	(남	편	의		본	가)
I	GOT	SI	U	RI	JIB	I	YA→	(NAM	PYEON	UI		BON	GA)

이곳이 우리집이야.(남편의 본가)

Your house? Yes, my home.

니네 집? 응, 우리집.

니	네	집? ↗	응		우	리	집 →
NI	NE	JIB ↗	EUNG		U	RI	JIB →

니네 집? 응, 우리집.

제 3 장
Chapter III

들어와!
Come in!

Welcome to my home.

우리 집에 온 것 환영해.

U RI　JIB　E　ON　GEOT　HWAN YOUNG HE →

우리 집에 온 것 환영해.

Come in.　Yes, Thank you.

들어와. 그래 고맙다.

DEUL REO WA →　GEU RE　GO MAB DA →

들어와. 그래 고맙다.

제 3 장 Chapter III

너의 남편 직업은 뭐야?
What's your husband's job?

What's your husbands's job?

너의(네)남편(의) 직업은 뭐니?

NEO　UI　(NE)　NAM　PYEON　(UI)　　JIG　GEO　EUN　MWO　NI ↗

너의(네)남편(의) 직업은 뭐니?

What?　Say that again.

뭐?　다시 한번 말해봐.

MWO ↗　　DA　SI　HAN　BEON　MAL　HE　BWA →

뭐? 다시 한번 말해봐.

제 3 장 Chapter III

저..., 말이야.
I Say....

Your husband's job?

너의 남편 직업말이야.

NEO UI　NAM PYEON　JIG GEOB　MAL　I　YA →

너의 남편 직업말이야.

I say! = Look here! = Well! = Say!

저, 말이야. (망서릴 때 쓰는말)

JEO　MAL　I　YA →

저, 말이야. (망서릴 때 쓰는말)

제 3 장
Chapter III

우리 남편은 의사야.
My husband is a doctor.

My husband is a doctor.

우리 남편은 의사야.

U	RI	NAM	PYEON	EUN	UI	SA	YA →

우리 남편은 의사야.

My husband works in a hospital.

우리 그이는 병원에서 일해.

U	RI	GEU	I	NEUN	BYEONG	WON	E	SEO	IL	HAE →

우리 그이는 병원에서 일해.

제 3 장
Chapter III

네가 참 부럽구나.
I wish I were in your shoes.

So, I'm as happy as happy can be.

그래서, 난 더할 나위 없이 행복해.

| GEU | REA | SEO | NAN | DEO | HAL | NA | WI | EOB | SSI | HAENG | BOK | HAE → |

그래서, 난 더할 나위 없이 행복해.

I wish I were in your shoes!

네가 참 부럽다. 참! 좋겠다.

| NE | GA | CHAM | BU | REOB | TTA → | CHAM | JOT | KET | TA → |

네가 참 부럽다. 참! 좋겠다.

제3장 Chapter Ⅲ

안 녕! 잘 가 !
Good bye!

Good bye!	Good bye!
안 녕! 잘 가 !	**안녕히 가세요**
AN NYEONG! JAL GA! →	AN NYEONG HI GA SE YO →
안 녕! 잘 가!	안녕히 가세요

See you again!	Good bye!
또 보자	**안녕히 계세요**
TTO BO JA →	AN NYEONG HI GYE SE YO →
또 보자	안녕히 계세요

제 3 장
Chapter III

저것은(저건) 뭐니?
What's that?

What's that? What's this?

저것은 뭐니? 이것은 뭐야?

JEO GEOT EUN MWO NI↗   I GEOT SEU MWO YA↗

저것은 뭐니? 이것은 뭐야?

It's bag. It's a pencil case.

그건 가방이야. 그건 필통이야.

GEU GEON   GA BANG I YA↘   GEU GEON   PIL TONG I   YA↘

그건 가방이야. 그건 필통이야.

제 3 장
Chapter III

넌 누구야?
Who are you?

Who are you?	Who is it (상대가 보이지 않을 때)
넌, 누구니?	누구세요?
NEON NU GU NI↗	NU GU SE YO↗
넌, 누구니?	누구세요?

My name is younghee, It's me. It's me.

영희예요. 나야. 저예요.

YOUNG HI   YE YO →   NA   YA →   JEO YE YO →

영희예요. 나야. 저예요.

제 3 장 Chapter III

이것들은 다 뭐야?
What are these?

What are these? Yea! Yes!

이것들은 다 뭐니? 어! 어!

I GEOT DEUL EUN DA MWO NI♪ EO♪ EO→

이것들은 다 뭐니? 어! 어!

Yea! crayons. These are crayons.

어! 크레용. 이것은 크레용이야.

EO→ KEU RE YONG → I GEOT SEUN KEU RE YOUNG I YA↘

어! 크레용. 이것은 크레용이야.

제 3 장 Chapter III

어! 벌써 열 시다!
Why! It's ten already!

Why! It's ten already!

어! 벌써 열 시네!

EO!	BEOL	SSEO	YEOL	SSI	NE →

어! 벌써 열 시네!

Yes! I'll leaving now. yeah! I see

어! 나 지금 간다(=가요). 어! 알았어.

EO!	NA	GI	GEUM	GAN	DA (=	GA	YO ↗)	EO	AL	RAT	SSEO →

어! 나 지금 간다(=가요). 어! 알았어.

제 3 장
Chapter III

너, 아침은 먹었니?
Have you had breakfast?

Have you had breakfast?

너, 밥(아침)은 먹었니?

NEO, BAB (A CHIM) EUN MEOK GEON NI↗

너, 밥(아침)은 먹었니?

Yes,(I am). No, I am not.

예, 먹었어요. 아니요, 못 먹었어요.

YE→ MEOK GEO SSEO YO↘ A NI YO, MON MEOK GEOT SSEO YO↘

예, 먹었어요. 아니요, 못 먹었어요.

제 3 장 Chapter III

배가 고프니?
Are you hungry?

Are you hungry now? Yes, I am.

지금 배가 고프니? 응, 배고파.

GI GEUM BAE GA GO PEU NI↗ EUNG,→ BAE GOB PA→

지금 배가 고프니? 응, 배고파.

I'm dying with hunger now.

난 지금 배고파(서) 죽을 지경이에요.

NAN JI EUM BAE GOB PA (SEO) JUK GEUL JI GEONG I YE YO→

난 지금 배고파(서) 죽을 지경이에요.

제 3 장 Chapter III

난 온종일 굶었어요.
I didn't touch food all day.

I didn't touch food all day.

난 온종일 굶었어요.

NAN　ON　JONG　IL　　GUL　MEOT　SSEO　YO ↘

난 온종일 굶었어요.

It never should have happened.

원! 세상에 이럴 수가 있나.

WON　　SE　SANG　E　　I　REOL　　SSU　GA　　IN　NA ↘

원! 세상에 이럴 수가 있나.

중요숙어
IDIOMS

제 3 장
Chapter III

당시엔 몰랐는데..
I did not know it at the time, but~,

I did not know it at the time, but~,

(그)당시엔 몰랐는데요....

(GEU) DANG SI EN MOL RAN NEUN DE YO ↗

(그)당시엔 몰랐는데요....

I don't know why.   well....

왜 그런지 모르겠어요. 글쎄...

WAE EU RUN JI MO REU GET SSEO YO ↘ GEUL SSE~ →

왜 그런지 모르겠어요. 글쎄...

중요숙어
IDIOMS

왜, 그런지 - why that is go.
왜냐하면 - because = for the reason is~.
이리와봐! 왜? - come here! why?

제 3 장 Chapter III

이젠 내 차례입니다.
It's my turn now.

It's my turn now.

이제는(이젠) 내 차례(이)예요.

I JE EUN (I JEN) NAE CHA RYE (I) YE YO↘

이제는 (이젠) 내 차례(이)예요.

it's your turn now.

이제는 당신 차례(이)예요.

I JE NEUN DANG SIN CHA RYE (I) YE YO→

이제는 당신 차례(이)예요.

중요숙어 IDIOMS

오다가다 들르는 손님 - a casual visitor.
오다가다 만나다. - meet by chance.
오다가다 만난 부부 - a ftee - love couple.

| 제 3 장 Chapter III | 난 어느 것이 어느것인지 모르겠어요. I cannot tell which is which. |

I cannot tell which is which.

난(＝저는)어느것이 어느것인지 모르겠어요.

NAN (= JEON EUN) EO NEU GEOT SI EO NEU GEOT SIN GI MO REU GET SSEO YO →

난(＝저는)어느것이 어느것인지 모르겠어요.

I can't tell which is which.

난 어느쪽이 어느쪽인지 분간할 수 없네요.

NAN EO NEU JJOK GI EO UUE JJOK IN JI BUN GAN HAL SSU EOM NE YO→

난 어느쪽이 어느쪽인지 분간할 수 없네요.

| 중요숙어 IDIOMS | 고로(그러므로) - therefore. 그런 식으로 - ~ just so. 만일 그렇다면(만일 그랬더라면) - if so, |

제 3 장 Chapter III

어느쪽이든(=어느쪽인가).
either will do.

Give me one, please, either will do.

어느쪽이든 좋으니까 하나만 주세요.

| EO | NEU | JJOK | I | DEUN | JO | EU | NI | KKA | HA | NA | MAN | JU | SE | YO↘ |

어느쪽이든 좋으니까 하나만 주세요.

in either	**rather than**
어느쪽이든간에,	어느쪽인가 하면~

| EO | NEU | JJOK | I | DEUN | GAN | E | EO | NEU | JJOK | IN | GA | HA | MYEON |

어느쪽이든간에,　　어느쪽인가 하면~

중요숙어 IDIOMS

한물 가다(유행 등이 지나다) - be past it's season.
전성기가 지나가다 - be past one's prime.
이 달도 다 갔다(지나다) - This month is up.

제 3 장 Chapter III	어느것이나. any and every.

any = all = every	any = any one = either
어느것이라도	어느 것이든
EO NEU GEOT I RA DO	EO NEU GEOT SI DEUN
어느것이라도	어느 것이든

take anyting that pleases you.

어느것이든 마음에 드는 것을 가지세요.

EO NEU GEOT SI DEUN　MA EUM E　DEU NEUN GEOT SEUL　GA　JI　SE　YO↘

어느것이든 마음에 드는 것을 가지세요.

중요숙어 IDIOMS	좋든 나쁘든 - (whether it is) good or bad. 몸에 좋다 - be good fot the health do good. 이 약은 두통에 좋다 - This medicine is good for head aches.

제3장
Chapter III

모두〈1〉

명 all; everything everybody
부 in all; in a body; all together

How much(do you charge) for the lot?

모두 얼마예요? 모두 얼맙니까?

MO DU   EOL MA YE   YO ♪   MO   DU   EOL   MAM   NI KKA ♪

모두 얼마예요? 모두 얼맙니 까?

The inclusive cost is seventy thousand won.

(비용, 값) 모두 7만원입니다.

(BI YONG,   GAB)   MO DU   CHIL MAN WON IM   NI   DA →

(비용, 값) 모두 7만원입니다.

중요숙어
IDIOMS

이봐, 갈비씨! - Hey, skinny!
갈수록 태산이다 -Things go from bad to worse.
10%로 깎아드리지요 - we will discount ten percent.

제 3 장 Chapter Ⅲ

모두 돌아와요〈2〉
Come back the lot of you.

Take away the whole lot.

모두 가져가세요. 모두 가지고 가세요.

| MO DU | GA JYEO GA SE YO→ | MO DU | GA JI GO GA SE YO→ |

모두 가져가세요. 모두 가지고 가세요.

Let's go all together / come back, the lot of you.

모두들 나갑시다. 모두 돌아오세요.

| MO DU DEUL | NA GAB SI DA → | MO DU | DOL A O SE YO→ |

모두들 나갑시다. 모두 돌아오세요.

중요숙어 IDIOMS

봄 같은 따뜻한 날씨 - Springlike warm weather.
이와 같은 물건 - an article of this kind.
천사같은 소녀 - an angel of a girl.

제 3 장 Chapter III

모두(가) 제 실수예요 〈3〉
It's all my fault.

It's all my fault.

그것은 모두 제 잘못입니다(=실수예요).

GEU GEOT SEUN   MO DU   JE   JAL MOT IM NI DA   (= SIL SSU YE YO ↘)

그것은 모두 제 잘못입니다(=실수예요).

I have heard all about it.

그것(그일)은 모두 들어서 알고 있어요.

GEU GEOT (GEU IL) EUN   MO DU   DEUL EO SEO   AL GO   IT SSEO YO ↘

그것(그일)은 모두 들어서 알고 있어요.

중요숙어 IDIOMS

나 같으면 - If it were me = if I were you.
옛날 같으면 - if these were the old days.
똑같이 생기다 - be exactly alike.

제 3 장 Chapter Ⅲ

잘했다(잘했어)〈1〉
well done. = That's time.

Do you speek korean well?

(당신은)한국말, 잘 하세요?(= 합니까?)

(DANG SIN EUN) HAN GUK MAL   JAL   HA SE YO ♪ (HAM NI KKA♪)

(당신은)한국말, 잘 하세요?(= 합니까?)

Do you speak korean(=The korean language)?

(당신은)한국 말, 할 줄 아세요?

(DANG SIN EUN) HAN GUK MAL HAL JJUL A SE YO ♪

(당신은)한국 말, 할 줄 아세요?

중요숙어 IDIOMS

잘 웃다.- laugh readily.
성을 잘 내다 - be apt to get angry.
~ 하곤 했다. - used to (do) = would (do)

제 3 장 Chapter III 잘하다〈2〉
be good at.

Me there will be a possibility of carrying that it peels?

제가(나는)그 일을 잘 해낼 수 있을까요?

JE GA (NA NEUN) GEU IL EUL JAL HAE NAEL SSU IT SSEUL KKA YO↗

제가(나는)그 일을 잘 해낼 수 있을까요?

Haven't you got any good idea?

무슨(어떤)좋은 수가 없을까요?

MU SEUN (EO TTEON) JO EUN SU GA EOB SSEUL KKA YO↗

무슨(어떤)좋은 수가 없을까요?

중요숙어 IDIOMS

하는 수 없이. - helplessly.
~하는 수 밖에 없다. - connot help (doing).
온갖 수를 다 쓰다. - use all conceivable meens.

제 3 장
Chapter III

잘해내다〈3〉
manage a thing.

Something may be done for it.　　Don't worry.

무슨 수가 나겠죠(＝있겠죠). 걱정마세요.

MU SEUN　　SU GA　　NA GET JJYO → (＝ IT　GET JJYO)　GEOK JJEONG MA SE YO →

무슨 수가 나겠죠(＝있겠죠). 걱정마세요.

Ah! A novel idea flashed on me(into my mind).

아!(나에게) 좋은 생각이 떠올랐어요.

A~!　　(NA　E　GE)　JO EUN　SEANG GAG I　　TTEO OL RAT SSEO YO→

아!(나에게) 좋은 생각이 떠올랐어요.

중요숙어
IDIOMS

~ 할 수 있는데까지 - as much as.
~할 수만 있다면 - If possible.
무슨 수를 써서라도 - by all means.

제3장 Chapter III

몸에 잘 맞다〈4〉
fit a person well.

The tie matches your coat well.

그 넥타이가 당신 양복에 참 잘 어울리네요.

GEU NEK TA I GA DANG SIN YANG BOK E   CHAM JAL EO UL RI NE YO↘

그 넥타이가 당신 양복에 참 잘 어울리네요.

That dress is becoming to you.

그 옷 당신에게 정말 잘 어울려요.

GEU   OT   DANG SIN E GE JEONG MAL   JAL   EO UL RYEO YO↘

그 옷 당신에게 정말 잘 어울려요.

중요숙어 IDIOMS

잘 맞히다. - hit the make = hit it.
잘 피하다 - make good one's escape.
글씨를 잘 쓰다. - be good at handwriting.

제 3 장 Chapter III

잘 알다, 잘 모른다〈5〉
know well, Don't know well.

We used play together in our childhood.

우리는 어려서 잘 어울려 놀곤했어요.

U RI NEUN EO RYEO SEO JAL EO UL RYEO NOL HON HAET SSEO YO↘

우리는 어려서 잘 어울려 놀곤했어요.

How old might she be?

그녀는 몇 살이나 먹었을까?

GEU NYEO NEUN MYEOT SSAL I NA MEOK GEOT SSEUL KKA →

그녀는 몇 살이나 먹었을까?

중요숙어 IDIOMS

잘 듣다. - listen(carefully) to.
잘 생각하다. - Think (a matter) over.
잘 보다 - look at (a thing).

<table>
<tr><td>제 3 장
Chapter III</td><td>잘 부탁합니다〈6〉
Please, your favors foward me.</td></tr>
</table>

I leave it to your best judgment.

그 일(건)을 잘 부탁드립니다(＝드려요).

GEU IL (KKEON) EUL JAL BU TAK DEU RIM NI DA (＝ DEU RYEO YO →

그 일(건)을 잘 부탁드립니다(＝드려요).

Please, continue your favors toward me.

앞으로도 잘 좀 부탁드립니다(＝부탁합니다).

AP PEU RO DO JAL JOM BU TAK DEU RIM NI DA→ (＝ BU TAK HAM NI DA)→

앞으로도 잘 좀 부탁드립니다(＝부탁합니다).

중요숙어 IDIOMS

잘 자다 - have a good sleep = sleep well.
잘 못 자다 - sleep badly = be wakeful.
잘 익은 - cooked well = well done(잘 구워진).

제 3 장 Chapter III	잘 가요! 잘 있어요!〈7〉 so long! Good by(e)!

I must say good - by(e) now.

이제는 작별해야겠습니다(= 겠어요).

| I | JEN | EUN | JAK | PPYEO | HAE | YA | GET | SSEUNM | NI | DA→ | (= GET | SSEO | YO ↘) |

이제는 작별해야겠습니다(= 겠어요).

well, I must be going now.

그럼, 저는 이만 실례하겠습니다(= 겠어요).

| GEUN | REOM | JEO | NEUN | I | MAN | SIL | RYE | HA | GET | SSEUM | IN | DA→ | (= GET | SSEO | YO →) |

그럼, 저는 이만 실례하겠습니다(= 겠어요).

중요숙어 IDIOMS	잘 있다 - get along well. 잘 지내다 - get along all rignt. 건강히 잘 지내요 - live in good health.

제 3 장
Chapter Ⅲ

자, 드십시오〈1〉
Help yourself, please.

Please, Help yourself. = pleass, Help yourself.(음식을)

자, 좀 들어봐요. 자, 드십시오.

| JA | JOM | DEUL | REO | BWA | YO → | JA | DEU | SIP | SSI | YO ↘ |

자, 좀 들어봐요. 자, 드십시오.

Oh, do come in please goin.(안으로)

자, 들어오십시오. 자 들어갑시다.

| JA | DEUL | EO | O | SIP | SI | YO→ | JA | DEUL | EO | GAP | SSI | DA→ |

자, 들어오십시오. 자 들어갑시다.

중요숙어
IDIOMS

억지로 들어가다 - enter by force.
창문으로 들어가다 - enter by window.
안으로 들어가다 - go into the interior(of).

제 3 장 Chapter III

자, 갑시다〈2〉
Let's go, well.

Let's go, well. Well, I'm going new.

자, 가자. 자, 나(저) 갑니다(=가요)

JA　GA JA↘　JA　NA　(JEO)　GAM　NI　DA↗　(= GA　YO)↗

자, 가자. 자, 나(저) 갑니다(=가요)

Go, ahead do go. Go, ahead do it.

자, 가봐라. 자, 해봐라(자, 어서해봐)

JA　GA BWA RA↘　JA　HAE BWA RA↘　(JA　EO SEO HAE BWA)→

자, 가봐라. 자, 해봐라(자, 어서해봐)

중요숙어 IDIOMS

타고 가다 - ride into.
앞문으로 가다 - enter through front door.
뒷문으로 가다 - enter through back door.

제 3 장 Chapter III

자, 어디 해보자〈3〉
Well, I will try = Well, Let me give it a try.

Come on!   Hey, get out of the way!

자, 덤벼라! 자, 비켜라 비켜!

JA　　DEOM BYEO RA →　　JA　　BI KYEO RA　　BI KYEO →

자, 덤벼라! 자, 비켜라 비켜!

Now, look this way, please.

자, 이쪽을 좀 봐요. 자, 이쪽을 보세요.

JA　I　JJOK GEUL　JOM　BWA YO ↘ JA　I JJOK GEUL　BO SE YO→

자, 이쪽을 좀 봐요. 자, 이쪽을 보세요.

중요숙어 IDIOMS

처음 해보다 - try for the first time.
되든 안 되든 해보다 - try one' s luck.
다시 한 번 해보다 - try again.

제 3 장 Chapter III	자, 울지마세요〈4〉 There, there don't cry!

There, there, don't cry! There,~don't cry now!

자, 그만우세요! 자, 이제 울지마세요!

JA GEU MAN U SE YO →   JA I JE   UL JI MA SE YO →

자, 그만우세요! 자, 이제 울지마세요!

Let me offer you a wine. =come on, have a wine.

자, 한잔 받으세요. 자, 한잔 받어요.

JA   HAN JAN BA DEU SE YO→   JA   HAN JAN   BA DEO YO→

자, 한잔 받으세요. 자, 한잔 받어요.

중요숙어 IDIOMS	앙앙 울다 - cry loudly 훌쩍훌쩍 울다 - whimper 슬피울다 - cry bitterly

제 3 장 Chapter III

자, 이걸 받아요(선물 등)〈5〉
This is for you.(a present~)

This is for you. = Here you are.

자, 이걸 받으세요. 자 이걸 받아요.

JA	I	GEOL	BA	DEU	SE	YO →	JA	I	GEOL	BA	DA	YO ↘

자, 이걸 받으세요. 자 이걸 받아요.

Here's something for you.

자, 선물이다. 자, 선물이예요, 여기.

JA	SEON	MUL	I	DA →	JA	SEON	MUL	I	YE	YO →	YEO	GI ↘

자, 선물이다. 자, 선물이예요, 여기.

중요숙어 IDIOMS

하늘이 주신 선물 - a godsend = a gift from god.
마음에 드는 선물 - a well chosen present.
선물을 받다 - take a gift = accept a gift

제 3 장 Chapter III

자, 모두들 그렇게 합시다〈6〉
Ok, Let's do everything.

Ok, Let's do everything.

자, 모두(들) 그렇게 하자(＝합시다).

JA　　MO DU (DEUL)　GEU REOK KE　　HA　JA →　(＝　HAP SSI DA)↘

자, 모두(들) 그렇게 하자(＝합시다).

Oh, yes. = Oh, yes.

예, 그럽시다. 아, 그렇게 합시다.

YE　　GEU REOP SSI　DA↘　　A　　GEU REOK KE　　HAP SSI　DA↘

예, 그럽시다. 아, 그렇게 합시다.

중요숙어 IDIOMS

다 같다 - all together.
같이 기뻐하다 - share joy with~.
같이 슬퍼하다 - share sorrows with~.

제 3 장 Chapter III

여보세요, 누구 없어요?
Hello, It's not who?

Hello, It's not who?

여보세요, 누구없어요?

YE BO SE YO→　　NU GU EOB SSEO YO↗

여보세요, 누구없어요?

Who is it?　　It's me.　　Juhwi.

누구세요? 저예요, 주희예요.

NU GU SE YO↗　JEO YE YO↘　JU HI YE YO→

누구세요? 저예요, 주희예요.

중요숙어 IDIOMS

Who are you? (상대가 보일 때)
Who is it? (상대가 보이지 않을 때)
~나라면, 나로서는 - as for me = for my part.

제 3 장 Chapter III	제가 말하는 것을 알겠어요?
	Do you understend me?

= Can you follow me?

내가 말한 것을 알아듣겠니?

NAE　GA　MAL HAN　GEOT SEUL　AL　A　DEUT KKEN NI ↗

내가 말한 것을 알아듣겠니?

Don't tell it to anyone.

아무에게도 말하지 마라.

A　MU　E　GE　DO　MAL HA JI　MA RA →

아무에게도 말하지 마라.

중요숙어 IDIOMS	그러나 저러나 - one way or the other.
	그러니까 - That is why.
	그러니 저러니 - this and that.

제 3 장
Chapter III

좀(=조금)전에~.
a little time ago.

He told to be quiet about it.

그는 그일을 아무에게도 말하지 말라고 했어.

GEU NEUN GEU IL EUL   A MU E GE DO   MAL HA JI   MAL RA GO   HAET SSEO→

그는 그일을 아무에게도 말하지 말라고 했어.

There certainly is some difference, though indescribable.

어딘지 모르게 좀 다르다(=좀 달라요).

EO DIN JI   MO REU GE   JOM   DA REU DA   (= JOM   DAL RA YO)→

어딘지 모르게 좀 다르다(=좀 달라요).

중요숙어
IDIOMS

좀 아는 사이 - a slight acquatintance.
좀 생각하고 나서 - a after a moment's thought.
그런 까닭으로(사정으로) - fot that reason.

제 3 장 Chapter III

나 좀 봐요!
Let me have your attention, plaease!

Let me have attention, please!

나 좀 봅시다! 나 좀 볼까요!

NA JOM BOB SI DA → NA JOM BOL KKA YO ♪

나 좀 봅시다! 나 좀 볼까요!

May I trouble you to shut the door?

문 좀 닫아 주시겠어요?(~주세요.)

MUN JOM DAT DA JU SI GET SSEO YO ♪ (~ JU SE YO) ↘

문 좀 닫아 주시겠어요?(~주세요.)

중요숙어 IDIOMS

그럴듯한 얘기 - a like story.
그럴듯한 변명 - a plausible excuse.
그럴듯한 거짓말을 하다 - tell a plausible lie.

제 3 장 Chapter III

생각 좀 해 보겠습니다.
I will think about it a bit.

I hesitate to say it.

그건 좀 말하기곤란한데요(어려운데요).

GEU GEON JOM MAL HA GI GOL RAN HAN DE YO→ (EO RYEO UN DE YO)→

그건 좀 말하기곤란한데요(어려운데요).

Let me think a while.

좀 생각해 보겠습니다(＝볼께요).

JOM SAENG GAK HAE BO GET SSEUM NI DA→ (＝ BOL KKE YO →)

좀 생각해 보겠습니다(＝볼께요).

중요숙어 IDIOMS

그런대로 - passably.
그 나름대로 - in its own way.
그런데도 - and yet = for all that.

제 3 장 Chapter III

어디 갔다 오셨어요?
Where have you been?

Oh, darling! you couldn't come at a better time.

당신, 마침 잘 오셨어요(= 잘 왔어요).

DANG SIN, MA CHIM JAL O SYEOT SSEO YO↘ (= JAL WAT SSEO YO)↘

당신, 마침 잘 오셨어요(= 잘 왔어요).

I want to have a word with you.

당신과 좀 할 애기가 있어요.

DANG SIN GWA JOM HAL YAE GI GA IT SSEO YO↘

당신과 좀 할 애기가 있어요.

중요숙어 IDIOMS

그건 그럴 법한 일이다
= That may well be. = That is very likely.
나는 아직 납득이 안 간다 - I'm still not convinced.

제 3 장 Chapter III

자, 말해봐!
Ok, Speak out!

I don't know what to say.

무어라(고) 말해야좋을지 모르겠어요.

MU EO RA (GO)　　MAL HAE YA JO EUL JJI　　MO REU GET SSEO YO↘

무어라(고) 말해야좋을지 모르겠어요.

I'm at a loss for an answer.(대답으로)

뭐라고 말해야 좋을지 모르겠어요.

MWO RA GO　MAL HAE YA　JO EUL JJI　MO REU GET SSEO YO↘

뭐라고 말해야 좋을지 모르겠어요.

중요숙어
IDIOMS

우리네 - we all
당신네 - you all
그 사람네 - his family

제 3 장
Chapter III

글쎄, 말해봐!
Just speek(out) it!

Just try it!	Just speek(out) it.

글쎄, 해보라구! 글쎄, 말해봐요!

GEUL SSE,　HAE　BO　RA　GU →　　GEUL SSE　　MAL　HAE　BWA　YO →

글쎄, 해보라구! 글쎄, 말해봐요!

Let me see (think).

글쎄, 생각 좀 해봅시다.

GEUL　SSE →　SAENG　GAK　JOM　　HAE　BOB　SSI　DA ↘

글쎄, 생각 좀 해봅시다.

중요숙어
IDIOMS

참 아름답기도 하다 - be really beautiful.
참 빠르기도 하다 - be speedy indeed.
참 이상도 하다! - How strange!

제 3 장 Chapter III

더 이상 말하지마!
No another word!

Please be quiet!　　　**Do you mean me?**

글쎄, 조용하라구! 나 말입니까?

GEUL SSE,　　JO YONG GA　RA　GU→　　NA　　MAL IM　NI　KKA↗

글쎄, 조용하라구! 나 말입니까?

What do you mean by that?

그게 무슨 뜻(＝말)이에요?

GEU　GE　MU　SEUN　　TTEUT　(MAL)　I　YE　YO↗

그게 무슨 뜻(＝말)이에요?

중요숙어 IDIOMS

같잖은 녀석 - an impertinent fellow.
같잖은 소리를 하다 - talk impudently
　　　　　　　= give a person cheek = get a mouth.

제 3 장 Chapter III

그건 좀 지나친 말이다.
That is saying too much.

How dare you say such a thing?

어떻게 네가 그런 말을 할 수 있니?

EO TTEOK KE　　NE GA　　GEU REON　MAL EUL　HAL　SSU　IN　NI→

어떻게 네가 그런 말을 할 수 있니?

That's too much, you.

그건 너무했어(요), 네가(당신이).

GEU GEON　　NEO MU HAET SSEO　(YO)↘　NE GA　(DANG SIN　I→)

그건 너무했어(요), 네가(당신이).

중요숙어 IDIOMS

너무 크다 - be too large.
너무 먹다 - eat too much = overeat
너무 공부하다 - work too hard = overwork

제 3 장 Chapter III

내 말대로 해봐!
Do as I tell you.

Do as I tell you.

내가 말하는 대로 하세요(하시오).

NAE GA   MAL HAN EUN   DAE RO   HA SE YO   (HA SI YO→

내가 말하는 대로 하세요(하시오).

I am not in a position to comment on it.

내가 그건 말할 입장이 못 됩니다.

NAE GA   GEU GEON   MAL HAL   IB JJANG   I   NOT   DOEM NI DA→

내가 그건 말할 입장이 못 됩니다.

중요숙어 IDIOMS

같이하다 - share(something)with = take part in.
일생을 같이하다 - share one's life
= be one's life partner.

제 3 장
Chapter III

네게 할 말이 있어.
I have something to tell you.

Is the rumor true, that she is going to be married?

그게 사실이야. 걔가 결혼한다는 말이?

GEU GE　　SA SIL I YA♪　GYAE GA　GYEOL HON HAN DA NEUN　MAL RI♪

그게 사실이야. 걔가 결혼한다는 말이?

well, I am sure I don't know.

글쎄, 아무래도 난 모르겠는데...

GEUL SSE,→　A MU RAE DO　NAN　MO REU GEN NEUN　DE→

글쎄, 아무래도 난 모르겠는데...

중요숙어
IDIOMS

식사를 같이하다 - eat at the same table.
고락을 같이하다 - share joys and sorrows with.
운명을 같이하다 - cast in one's lot with.

제 3 장 Chapter III

그(가) 누구일까?

I wonder who he is?

I think I have met him once.

언젠가 그를 만난 적이 있는 것 같아.

| EON | JEN | GA | GEU REUL | MAN NAN | JEOK | I | IN | NEUN | GEOT | GAT TA→ |

언젠가 그를 만난 적이 있는 것 같아.

He is the very person I spoke of the other day.

저 사람이 내가 말했던 바로 그 사람이야.

| JEO | SA RAM | I | NAE GA | MAL HAET TEON | BA RO | GEU | SA RAM | I | YA→ |

저 사람이 내가 말했던 바로 그 사람이야.

중요숙어 IDIOMS

이해를 같이하다 - have common interests.
의견을 같이하다 - be of the same opinion.
여느 때와 같이 - as usual.

제 3 장
Chapter III

그럼요, 그렇고 말고요. (제)가
Oh yes, that is true.

Do you mind if I open the window? No, Not at all.

창문을 열어도 좋습니까? 예, 괜찮습니다.

CHANG MUN EUL YEOL EO DO JOT SSEUM NI KKA↗ YE, GWAEN CHAN SSEUM NI DA→

창문을 열어도 좋습니까? 예, 괜찮습니다.

Do you mind my coming here agin?

(제가) 여기에 또 와도 좋습니까?

(JE GA) YEO GI E TTO WA DO JOT SSEUM NI KKA↗

(제가) 여기에 또 와도 좋습니까?

중요숙어
IDIOMS

괜찮은 값 - a good price
괜찮은 수입 - a fair income
괜찮은 여자 - a fairly pretty woman

제 3 장 Chapter III

그것 참 좋은 생각이네요.
That's a good idea.

Let's go for a wine.

우리(술)한 잔 마시러갑시다(=가요).

| U | RI | (SUL) | HAN | JAN | MA | SI | REO | GAB | SI | DA | (= GA | YO) → |

우리(술)한 잔 마시러갑시다(=가요).

Let us make a night of it.

우리 오늘 밤새도록 술이나 마십시다.

| U | RI | O | NEUL | BAM | SAE | DO | ROK | SUL | I | NA | MA | SIB | SSI | DA → |

우리 오늘 밤새도록 술이나 마십시다.

중요숙어 IDIOMS

마실 것 - a drink = a liquor.
마시면 안 되는 것 - (water) not good to drink.
병채로 마시다 - drink from a bottle..

제 3 장 Chapter III

어느쪽이든 상관없습니다.
I don't care which.

What drinks have you got?

마실 것 무엇무엇(뭣뭣) 있어요?

MA SIL   KEOT   MU EOT MU EOT (MWON MWOT)   IT   SSEO   YO↗

마실 것 무엇무엇(뭣뭣) 있어요?

Which to you take, tea of coffee?

당신은 뭘 마시겠어요, 홍차, 아니면 커피?

DANG SIN NEUN MWOL MA SI GET SSEO YO→ HONG CHA, A NI MYEON KEO PI↗

당신은 뭘 마시겠어요, 홍차, 아니면 커피?

중요숙어 IDIOMS

마시기 좋은 - agreeable to drink.
한 두잔 마시다 - have a drink or two.
물을 한 모금 마시다 - have a swallow of water.

제 3 장 Chapter III

오늘은 이만(이예요).
This much for today.

What day of the month is this?

오늘은 며칠입니까(=며칠이예요?)

O NEUL EUN   MYEO CHIL IM   NI KKA → (= MYEO CHIL I YE YO ♪

오늘은 며칠입니까(=며칠이예요?)

This is the third of November.

(오늘은)11월 3일입니다.

(O   NEUL EUN)   SIB IL WOL SAM IL   IM NI DA →

(오늘은)11월 3일입니다.

중요숙어
IDIOMS

오전 - this morning (AM).
오후 - this afternoon(PM).
오늘따라 - today of all days.

| 제 3 장
Chapter III | 오늘부터는(오늘부터...)
from this day forth... |

what day of the week is it today?

(오늘은)몇요일이지?~무슨요일이죠?

| (O | NEUL | EUN) | MYEOT | YO | IL | I | JI↗ | ~ | MU | SEUN | YO | IL | I | JYO↗ |

(오늘은)몇요일이지?~무슨요일이죠?

Today is Tuesday.

(오늘은)화요일입니다(~이예요).

| (O | NEUL | EUN) | HWA | YO | IL | IM | NI | DA→ | (~I | YE | YO)→ |

(오늘은)화요일입니다(~이예요).

| 중요숙어
IDIOMS | 오늘까지 - up to now = till this day.
바로 오늘 - This very day.
오늘 신문 - today' s newspaper. |

제 3 장 Chapter III	조금도 상관없다. Do not care a bit.

I don't mind what people say of me now.

남이야 뭐래든 나는 이제 상관없어요.

NAM I YA MWO REA DEUN NA NEUN I JE SANG GWAN EOB SSEO YO↘

남이야 뭐래든 나는 이제 상관없어요.

Any paper will do.

아무 종이라도 상관없어요(괜찮아요).

A MU JONG I RA DO SANG GWAN EOB SSEO YO↘ (GWAEN CHAN A YO↘)

아무 종이라도 상관없어요(괜찮아요).

중요숙어 IDIOMS	중요하지 않다 - do not matter. 염려없다 - do not care. 네가 상관할 일이 아니다 - That's none of your.

제 3 장
Chapter III

~와(과) 상관없이...,
independent of~,

I have nothing more to do with it.

나는 이제 그 일과는 전혀 상관없어요.

NA NEUN | I | JE | GEU | IL GWA NEUN | JEON HYEO | SANG GWAN EOB SSEO YO ↘

나는 이제 그 일과는 전혀 상관없어요.

It's history to me now.

이젠 나와(저와)는 상관없는 일입니다.

I | JEN | NA | WA | (JEO | WA) | NEUN | SANG GWAN EOM NEUN | IL | IM | NI | DA ↘

이젠 나와(저와)는 상관없는 일입니다.

중요숙어
IDIOMS

상관하지 않다 - Let a person alone.
상관하다 - be related to.
관련있다 - have something to do.

제 3 장
Chapter III

괜찮으시다면...
If you don't mind(it)

If it is convenient to you.

(당신만) 상관 없으시다면. 괜찮다면

(DANG SIN MAN)　SANG GWAN EOB SSEU SI　DA MYEON↘ GWANE CHAN TA MYEON↘

(당신만) 상관 없으시다면. 괜찮다면

It doesn't matter if you are a little late today.

오늘은 조금 늦어도 괜찮아(요).

O　NEUL EUN　JO　GEUM　NEUT JEO DO　GWANE CHAN A　(YO)↘

오늘은 조금 늦어도 괜찮아(요).

중요숙어
IDIOMS

기분이 좋다 - feel something.
기분 좋은 일 - a glad thing.
그녀는 안색이 좋다 - she looks well.

제 3 장 Chapter III

눈에 불을 켜고 찾다.
Search for with sharp eyes.

Let me see, where have I put it?

글쎄, 그걸 어디(에)두었더라...?

GEUL SSE, GEU GEOL EO DI (E) DU EOT TEO RA...♩

글쎄, 그걸 어디(에)두었더라...?

I combed the town for you.

너를 온 시내를 샅샅이 뒤져찾았다.

NEO REUL ON SI NAE REUL SAT SAT CHI DWI JYEO CHAT JAT TA→

너를 온 시내를 샅샅이 뒤져찾았다.

중요숙어 IDIOMS

잘 찾아보다 - have a good search for~.
일자리를 찾다 - hunt for a job.
찾는 물건 - a thing sought for.

제 3 장
Chapter III

빌린 돈(빚)을 갚다.
pay one's debts

Here's your seventy thousand won back now.

여기 빌렸던 돈 7만원 지금 갚겠습니다.

YEO GI   BIL RYEOT DEON DON   CHIL MAN WON JI GEUM   GAB KET SSEUM NI DA →

여기 빌렸던 돈 7만원 지금 갚겠습니다.

I will pay back a hundred thousand won to tomorrow.

빌린 10만원(은)내일 갚겠습니다.

BIL RIN   SIB MAN WON   (EUN)   NAE IL   GAB KET SSEUM NI DA →

빌린 10만원(은)내일 갚겠습니다.

중요숙어
IDIOMS

빛을 깨끗이 (모두 다) 갚다 - clear off one's debts.
은혜를 원수로 갚다 - return kindness with ingratitude.
똑같은 방법으로 갚다 - return like for like.

제 3 장 Chapter III

거기까진 좋았는데...
so for, so good, but...

who's there?   wait there!

거기 누구요? 거기서 기다리세요!
GEO GI NU GU YO↗ GEO GI SEO GI DA RI SE YO→

거기 누구요? 거기서 기다리세요!

How are things going on in your place?

그곳 형편(사정)은 어떻습니까?
GEU GOT HYEONG PYEON (SA JEONG) EUN EO TTEOT SSEUM NI KKA↗

그곳 형편(사정)은 어떻습니까?

중요숙어 IDIOMS

여기서 거기(그곳)까지 - from here to that place there.
거기까지는 인정한다 - I admit as much.
거기까지는 생각지 못했다 - I naver thought of that.

제 3 장 Chapter III

어느 나라.
which country.

what country are you from?

그쪽(당신)은 어느 나라 사람입니까?

GEU JJOK (DANG SIN) EUN EO NEU NA RA SA RAM IM NI KKA ⤴

그쪽(당신)은 어느 나라 사람입니까?

He comes from that place, too.

그(사람)도 그곳 출신입니다.

GEU (SA RAM) DO GEU GOT CHUL SIN IM NI DA →

그(사람)도 그곳 출신입니다

중요숙어
IDIOMS

꿈나라 - the dreamland = the dream world.
상상의 나라 - the world of imagination.
달나라 - the lunar world = the moon.

제 3 장 Chapter III

어느(어떤)경우
In some cases.

In what direction did you go?

당신은 어느 방향으로 가세요(＝가요)?

DANG SIN EUN EO NEU BANG HYANG EU RO GA SE YO (＝ GA YO)♪

당신은 어느 방향으로 가세요(＝가요)?

one (any) of us must go.

우리들 중에(서)어느 한 사람이 가야해요.

U RI DEUL JANG E (SEO) EO NEU HAN SA RAM I GA YA HAE YO↘

우리들 중에(서)어느 한 사람이 가야해요.

중요숙어 IDIOMS

어느날 - one day = some day.
어느날 아침 - one morning.
어느날 저녁 - one evening.

제 3 장 Chapter III

누구? 어떤 사람.
who? someone.

Which Mr. Kim do you mean, the elder or the younger?

어느 김씨말이야, 큰 김씨야 작은 김씨야?

EO NEU KIM SSI MAL I YA↗ KEUN KIM SSI YA↗ JAK EUN KIM SSI YA→

어느 김씨말이야, 큰 김씨야 작은 김씨야?

He is the kind of man I like.

그이는(그사람은)내가 좋아하는 타입입니다.

GEU I NEUN (GEU SA RAM EUN) NAE GA JO A HA NEUN TA IP IM IN DA→

그이는(그사람은)내가 좋아하는 타입입니다.

중요숙어 IDIOMS

어느 것 (=어떤 것)- something.
어떤 의미로는 - in a sense.
어떤 이유에서인지 - for some reason or other.

제 3 장 Chapter III

좋아하든 싫어하든간에,
whether one like or not,

She isn't the kind of woman I like.

그녀는 내가 좋아하는 타입이 아니야.

KEUN	YEO	NEUN	NAE	GA	JO	A	HA	NEUN	TA	IP	I	A	NI	YA↘

그녀는 내가 좋아하는 타입이 아니야.

I like A better than B.

나는 B보다 A를 더 좋아합니다(=해요).

NA	NEUN	**B**	BO	DA	**A**	REUL	DEO	JO	A	HAM	NI	DA	(= HAE	YO)→

나는 B보다 A를 더 좋아합니다(=해요).

중요숙어 IDIOMS

그들은 서로 좋아하는 사이이다 - They love each other.
나는 별로 ~을 좋아하지 않다 - I do not care much about~.
이것은 내가 가장 좋아하는 음식이다 - It is my favorite dainty.

제 3 장 Chapter III

~을 듣고 좋아하다.
be glad at (the news).

It was no other than just my boyfriend.

누구인가 했더니 바로 나의 남자친구였어요.

NU GU IN GA   HAET TEO NI   BA RO   NA UI   NAM JA CHIN GU YEOT SSEO YO↘

누구인가 했더니 바로 나의 남자친구였어요.

My heart was throbbing with expectation.

나는 기대감으로 가슴이 설레였습니다.

NA NEUN   GI DAE GAM EU RO   GA SEUM I   SEOL RE YEOT SSEUM NI DA→

나는 기대감으로 가슴이 설레였습니다.

중요숙어 IDIOMS

좋아하는 남자 - one's boyfriend.
좋아하는 여자 - one's girlfriend.
좋아하는 요리 - one's favorite dish.

제 3 장 Chapter III

바로 그때에,
Just than=just at that moment,

That's just what I want

내가(＝제가)바라는 게 바로 그것입니다.

NAE GA　(JE GA)　BA RA NEUN　GE　BA RO　GEU GEOT SIM NI DA↘

내가(＝제가)바라는 게 바로 그것입니다.

That's right = you are right = your said it.

바로 그렇습니다. 바로 그거예요.

BA RO　GEU REOT SSEUM NI DA→　BA RO　GEU GEO YE YO↘

바로 그렇습니다. 바로 그거예요.

중요숙어 IDIOMS

바로 어젯밤에 - just last night.
바로 눈앞에서 - right under one's nose.
바로 위에(아래에) - right above(under).

제3장 Chapter Ⅲ

좋을 대로 해라(=해요).
You may do as you please.

What are you going to do with it?

그것을 어떻게 할 셈이야(=할거야)?

GEU GEOT SEUN   EO TTEO KKE HAL   SEM I YA↗ (= HAL KKEO YA)↗

그것을 어떻게 할 셈이야(=할거야)?

I can do what I like with it.

그것을 어떻게 하든 내 맘이지(=마음이야).

GEU GEOT SEUL EO TTEO KKE HA DEUN NAE MAM I JI (= MA EUM I YA)↘

그것을 어떻게 하든 내 맘이지(=마음이야).

중요숙어 IDIOMS

A라고 하는 사내 - a man name A.
경솔한 짓을 하다 - act rashly.
실수를 하다 - make a mistake = commit a mistake.

제 3 장
Chapter III

해야 할 일을 하다.
Do what one should.

This is how to do it = This is the way to do it.

그건 (=그것은) 이렇게 하는 거야 (=거라구).

GEU GEON (=GEU GEOT SEUN) I REO KKE HA NEUN GEO YA→ (= GEO RA GU)

그건 (=그것은) 이렇게 하는 거야 (=거라구).

Not that I cannot, but that I will not.

내가 못 하는 것이 아니라 안 하는 거야.

NAE GA MOT HA MEUN GEOT SI A NI RA↗ AN HA NEUN GEO YA↘

내가 못 하는 것이 아니라 안 하는 거야.

중요숙어
IDIOMS

나쁜 짓을 하다 - do an evil deed.
하루(의) 일을 하다 - do a day's work.
착한 일을 하다 - do something good.

제 3 장 Chapter III

하고 있는 일.
The work in hand.

What have you been doing now?

지금 무얼하고 있었어요(=있는거예요)?

JI GEUM   MU EOL HA GO   IT SSEOT SSEO YO ♪ (= IN NEUN GEO YE YO) ♪

지금 무얼하고 있었어요(=있는거예요)?

What are you doing now?

(당신은)지금 무얼하고 있어요(=있는거예요)?

(DANG SIN EUN) JI GEUM   MU EOL HA GO   IT SSEO YO ♪ (= IN NEUN GEO YE YO) ♪

(당신은)지금 무얼하고 있어요(=있는거예요)?

중요숙어 IDIOMS

~하기로 하다 - make it a rule to do.
~할 생각이 있다 - have a mind to do.
~을 하게 되다 - learn to do = come to do.

제 3 장 Chapter Ⅲ

~을 해버리다.

get through=get a thing done.

I don't feel like doing it.

(난)그런 일은 하고 싶지 않아요(＝않습니다).

(NAN) GEU REON IL EUN HA GO SIB JJI AN A YO ↘ (= AN SSEUM NI DA) →

(난)그런 일은 하고 싶지 않아요(＝않습니다).

What shall I do? I can't be helped.

어떻게 할까요? 하는 수 없어요(＝없군요).

EO TTEO KKE HAL KKA YO → HA NEUN SU EOP SSEO YO ↘ (= EOP KKUN YO) ↘

어떻게 할까요? 하는 수 없어요(＝없군요).

중요숙어 IDIOMS

그가 하는 일 - his conduct = what he does.
술을 하십니까? - Do you drink (=wine)?
맥주를 한 잔 하다 - have a glass of beer.

제 3 장 Chapter III

이따금씩 운동 좀 해라.

Take exercise now and then

I jog for exercise in the morning.

나는 운동으로 아침에 조깅을 합니다.

NA NEUN　　UN DONG EU RO　　A CHIM E　　JO GING EUL　　HAM NI DA ↘

나는 운동으로 아침에 조깅을 합니다.

Tennis is my favorite sport.

테니스는 제가(=내가)좋아하는 운동입니다.

TE NI SSEU NEUN　JE GA　　(= NAE GA)　　JO A HA NEUN UN DONG IM NI DA ↘

테니스는 제가(=내가)좋아하는 운동입니다.

중요숙어 IDIOMS

노름을 하다 - gamble.

카드 놀이를 하다 - paly cards.

이른 아침(에) - early in the morning.

제 3 장 Chapter III

오늘 아침.
This morning.

I will call again tomorrow morning.

내일 아침에 다시 오겠습니다(= 들리겠습니다).

NAE EIL A CHIM E DA SI   O GET SSEUM NI DA→ (=DEUL RI GET SSEUM NI DA)↘

내일 아침에 다시 오겠습니다(= 들리겠습니다).

What has brought you here?

무슨 일로(여기)오셨어요(= 왔습니까)?

MU SEUN   IL RO   (YEO GI)   O SYEOT SSEO YO (= WAT SSEUM NI KKA)↗

무슨 일로(여기)오셨어요(= 왔습니까)?

중요숙어 IDIOMS

내일 아침 - tomorrow morning.
어제 아침 - yesterday morning.
이튿날 아침 - the next morning.

제 3 장 Chapter III

데리러 오다.
call for(a person).

How long have you been Korea?

한국에 온 지 얼마나 되었어요(= 됐어요)?

HAN GUK E ON JI EOL MA NA DOE EOT SSEO YO → (DWAET SSEO YO)↗

한국에 온 지 얼마나 되었어요(= 됐어요)?

Come this way, please. =Setp this way, please?

이쪽으로 오세요. 이쪽으로 오시겠어요?

I JJOK EU RO O SE YO↘ I JJOK EU RO O SI GET SSEO YO↗

이쪽으로 오세요. 이쪽으로 오시겠어요?

중요숙어 IDIOMS

가까이 오다 - come nearer = draw closer.
우연한 기회에 오다 - happen to come.
~을 가지러 오다 - come for (a thing).

제 3 장
Chapter III

한국말로 뭐라고 하나요?
What do you call in korean?

What do you call it in Korean(language)?

그것을 한국말로 뭐라고 하나요(= 합니까)?

GEU GEOT SEUL HAN GUK MAL RO MWO RA GO HA NA YO→ (= HAM NI KKA)↗

그것을 한국말로 뭐라고 하나요(= 합니까)?

What do you call this tree in Korean(language)?

이 나무이름을 한국말로 뭐라고합니까?

I   NA MU I REUM EUL HAN GUK MAL RO MWO RA GO HAM NI KKA↗

이 나무이름을 한국말로 뭐라고합니까?

중요숙어
IDIOMS

한국 사정에 밝다 - be well informed on korean affairs.
오른쪽으로 가다 - turn to the right.
똑바로 가다 - go straight on.

제 3 장 Chapter III

이름은.

in name = by name.

May I ask your name?

(당신)이름이 뭐죠(＝무엇인지요＝뭡니까)?

(DANG SIN) I REUM I MWO JYO ↗ (＝MU EOT IN JI YO ↘＝ MWOM NI KKA ↗)

(당신)이름이 뭐죠(＝무엇인지요＝뭡니까)?

I know his name but have not met him.

난 그의 이름은 알고 있지만 만난 적은 없어요.

NAN GEU UI I RUEM EUN AL GO IT JJI MAN MAN NAN JEOK EUN EOP SSEO YO ↘

난 그의 이름은 알고 있지만 만난 적은 없어요.

중요숙어 IDIOMS

이름을 대다 - tell one's name.
이름을 밝히다 - disclose one's indentity.
이름을 알고 있다 - know (a person) by name.

제 3 장
Chapter III

잘 오셨습니다.
You are welcome.

I name is Kim.

나는 김이라고 합니다.(=나는 김입니다.)

NA NEUN   KIM I RA GO   HAM NI DA↘   (= NA NEUN   KIM   IM NI DA)→

나는 김이라고 합니다.(=나는 김입니다.)

You are pretty good at the korean lanuage.

(당신은)한국말을 꽤 잘하는군요(=잘합니다).

(DANG SIN EUN) HAN GUK MAL REUL KKWAE JAL HA NEUN GUN YO (= JAL HAM NI DA) →

(당신은)한국말을 꽤 잘하는군요(=잘합니다).

중요숙어
IDIOMS

오는 길에 - on one's way here.
이리오세요 - come on over.
한국제의 - Korean made = of korean make.

제3장 Chapter III

좋은 사례(실례).
A good example.

I wish I had brought my umbrella with me.

(난)우산을 갖고 나왔더라면 좋았을걸(＝텐데).

(NAN)　U SAN NEUL GAT KKO　NA WAT TEO RA MYEON JO AT SSEUL KKEL→ (TEN DE)↘

(난)우산을 갖고 나왔더라면 좋았을걸(＝텐데).

You should have come here a little earlier.

당신이 좀더 일찍 왔으면 좋았을텐데.

DAND SIN I　JOM DEO　IL JJIK WAT　SSEU MYEON JO AT SSEUL TEN DE↘

당신이 좀더 일찍 왔으면 좋았을텐데.

중요숙어 IDIOMS

이름이 있는 (유명한)- famous=well known.
돈이 없었더라면 - If it had not been for the money.
이 ~ 이 좀더 컸더라면 - I wish this ~ a little larger.

제 3 장 Chapter III

버스정류장.
bus stop=bus a station.

Where is the nearest bus stop?

이 근처 가까운 버스정류장은 어딥니까?

I　GEUN　CHEO　GA KKA UN　BEO SSEU JEONG RYU JANG EUN　EO　DIM　NI KKA ♪

이 근처 가까운 버스정류장은 어딥니까?

What's bus number for Incheon?

인천으로 가는 버스는 몇 번 버스입니까?

IN CHEON EU RO　GA NEUN　BEO SSEU NEUN　MYEOT　PPEON　BEO SSEU IM NI KKA ♪

이 근처 가까운 버스정류장은 어딥니까?

중요숙어 IDIOMS

버스로 가다 - go by bus.
버스를 놓치다 - miss a bus.
버스를 타다 - take a bus = take a bus ride.

제 3 장 Chapter III

지하철역.
a subway station.

Is there a subway station around here?

이 근처에 지하철역이 있습니까(＝있어요).

I GEUN CHEO E   JI JA CHEOL RYEOK GI IT SSEUM NI KKA♪(IT SSEO YO♪)

이 근처에 지하철역이 있습니까(＝있어요).

One ticket for Incheon, please.

인천가는 표 한장 주세요.(＝주시겠어요?)

IN CHEON GA NEUN PYO   HAN JANG JU SE YO↘ (＝ JU SI GET SSEO YO♪)

인천가는 표 한장 주세요.(＝주시겠어요?)

중요숙어 IDIOMS

지하철을 타다 - take a subway train.
지하철로 가다 - go by subway.
표파는 곳 - a ticket office （영국에서는) booking office.

제 3 장
Chapter III

잊지말고, 잊지않고.
without forgetting, without fail.

Don't forget to be here tomorrow.

잊지 말고 내일 꼭 들르세요(=들려요).

IT JJI MAL GO NAE IL KKOK DEUL RI SE YO→ (= DEUL RYEO YO→)

잊지 말고 내일 꼭 들르세요(=들려요).

I shall always remember your kindness to me.

이 은혜 언제까지나 잊지 않겠습니다.

I EUN HE EON JE KKA JI NA IT JJI AN GET SSEUM NI DA↘

이 은혜 언제까지나 잊지 않겠습니다.

중요숙어
IDIOMS

배웠던 한국말을 잊다 - foget one's korean.
잊을 수 없는 - never to be forgotten(event).
이름을 잊다 - foget(a person's) name.

제 3 장 Chapter III

~을 잊지 못하고 있다.
connot get over~.

Dismiss the matter from your mind.

그 일은 이제 그만 잊어버리세요(=버려라).

GEU IL REUN I JE GEU MAN I JEO BEO RI SE YO→ (= BEO RYEO RA→)

그 일은 이제 그만 잊어버리세요(=버려라).

The memory always haunts me.

난 그것을 잊을래야 잊을 수 없습니다(=없어요).

NAN GEU GEOT SEUL I JEUL RE AY I JEUL SSU EOP SSEUM NI DA→ (EOP SSEO YO→)

난 그것을 잊을래야 잊을 수 없습니다(=없어요).

중요숙어 IDIOMS

술로 슬픔을 잊다 - drink down one's sorrow.
~을 죽어도 못 잊겠다 - I shall the~to the grave.
여기에 계실 겁니까? - will you be here?

제 3 장 Chapter III

정말일까(=사실일까)?
Can it be true?

Is that true? I'm telling you. that is true.

사실이야? 사실이라니까. 사실이야.

SA SIL I YA↗   SA SIL I RA NI KKA → SA SIL I YA →

사실이야? 사실이라니까. 사실이야.

Is that (story) true? = Is it true?

그 이야기 (=애기)가 사실입니까?

GEU I YA GI (= YAE GI) GA SA SIL IM NI KKA↗

그 이야기 (=애기)가 사실입니까?

중요숙어
IDIOMS

그것은 사실같이 들리지만 실은 거짓(말)이다 -
It may sound plausible, but in reality it is a lie.
그건 그렇다 치고 - be that as it may.

제 3 장 Chapter III

사실같은 거짓말.
a plausible lie.

Is there any truth to the rumor?

그 소문이 사실입니까(＝사실이예요)?

GEU SO MUN I SA SIL IM NI KKA ♪ (＝SA SIL I YE YO) ♪

그 소문이 사실입니까(＝사실이예요)?

That is so.　　　Is that so?　　So ti is.

그렇습니다. 그렇습니까? 그래요.

GEU REOT SSEUM NI DA ↘　GEU ROET SSEUM NI KKA ♪　GEU RE YO ↘

그렇습니다. 그렇습니까? 그래요.

중요숙어 IDIOMS

사실같은 이야기 - a likely story.
사실은 - in fact = the truth is that...
사실로 여기다 - take (a ting) for truth.

회화익히기 -2

한국어 기초 회화익히기

Best Basic Conversation of Korean Language

제 4 장 Chapter IV

~쯤 (1)
① as…as   ② so…as

I wish we house were as large as this one.

우리집도 이쯤 넓으면 좋으련만.

U RI JIB DO   I JJEUM NEOLB EU MYEON   JO EU RYEON MAN ↘

우리집도 이쯤 넓으면 좋으련만.

It be as high as that.

그것은(=그것의)높이가 저것쯤 됩니다.

GEU GET SEUN   (=   GEU GET UI) NOP PI GA   JEO GEOT JJEUM DOEM NI DA →

그것은(=그것의)높이가 저것쯤 됩니다.

중요숙어 IDIOMS

- 만원쯤 - something like Ten thousand won
- 다섯시쯤 - about five o' clock = around
- 정오쯤 - about noon

제 4 장 Chapter IV

그쯤, 이쯤 (2)

that much(그쯤)
This much = thus much=so much

Please, So much for today.

오늘은 이쯤 해 둡시다(＝두자구요)

O NEUL EUN I JJEUM HAE DUB SI DA (= DU JA GU YO)↘

오늘은 이쯤 해 둡시다(＝두자구요)

I know that much.

나도 그쯤은 알고 있어요(＝있네요).

NA DO GEU JJEUM EUN AL GO IT SSEO YO (= IT NE YO)→

나도 그쯤은 알고 있어요(＝있네요).

중요숙어 IDIOMS

- 매년 이맘때쯤 - at this time of (the) year
- 재작년쯤 - the year befor last or thereabouts
- 다음 일요일쯤 - about next sunday

제 4 장
Chapter IV

집에 돌아갈 때쯤까지는 (3)
By the time you get home

What is the most likely time to find him at home.

언제쯤 찾아가면 그를 만날 수 있나요?

EON JE JJEUM CHA JA GA MYEON GEU REUL MAN NAL SSU IT NA YO↗

언제쯤 찾아가면 그를 만날 수 있나요?

I always have breakfast at about six.

나는 언제나 여섯시쯤에 아침(=밥)을 먹습니다.

NA NEUN EON JE NA YEO SEOT SSI JJEUM E A CHIM (=PPAP) REUL MEOK SSEUM NI DA→

나는 언제나 여섯시쯤에 아침(=밥)을 먹습니다.

중요숙어
IDIOMS

- 먹지도 마시지도 않고 - withoust bite or drop
- 억지로 마시게 하다 - make to drink
- 차를 마시며 이야기하다 - take over (a cup of tea)

제 4 장
Chapter IV

쯤(=적어도)(4)
at least = in the least

They might at any rate give us a cup of wine.

그들이 술 한 잔쯤은 대접할(=살)법도 한데.

GEU DEUL RI SUL HAN JAN JJEUM EUN DAE JEOB HAL (= SAL) PPEOB TTO HAN DE ↘

그들이 술 한 잔쯤은 대접할(=살)법도 한데.

Please, call me at least once a month.

한 달에 한 번쯤은 제게 연락 주시겠어요?

HAN   DAL E   HAN BEON JJEUM EUN JE GE   YEOL NAK   JU SI GET SSEO YO↗

한 달에 한 번쯤은 제게 연락 주시겠어요?

중요숙어
IDIOMS

- 적어도 만 원 - ten thousand won at the very least
- 좋은 사람이 생기다 - get a lover = win a sweetheart
- 서로 좋아하다 - love eath other

제4장 Chapter IV

얼마쯤 (5)
How much

Approximately how much did it cost(you)?

비용이(=돈이)얼마쯤 들었어요(=들었나요)?

BI YOUNG I (= DON I) EOL MA JJEUM DEUL REOT SSEO YO (= DEUL REOT NA YO) ↗

비용이(=돈이)얼마쯤 들었어요(=들었나요)?

My mother will be back in an hour or so.

저의 어머니는 한 시간쯤 있으면 돌아오세요.

JEO UI EO MEO NI NEUN HAN SI GAN JJEUM IT SSEU MYEON DOL A O SE YO ↘

저의 어머니는 한 시간쯤 있으면 돌아오세요.

중요숙어 IDIOMS

● 일주일 가량 - about a week(or so)
● 스무살 가량의 청년(젊은이) - a twentyth young man
● 스무살 쯤 된 남자 - a man somewhere around twenty

제 4 장 Chapter IV

같은 것(=동일한 것)
The same thing

They are all of an age.

그들은 나이들이 모두 다 같은 또래에요.

GEU DEUL EUN NA I DEUL I MO DU DA GA TEUN TTO REA E YO →

그들은 나이들이 모두 다 같은 또래에요.

Your thoughts echo mine.

나도 당신과 같은 생각이에요.

NA DO DANG SIN GWA GA TEUN SAENG GAK I E YO ↘

나도 당신과 같은 생각이에요.

중요숙어 IDIOMS

- 똑같다 - be the very same = be just the same
- 거의 같다 - be (very) much the same
- 같은 입장에서 - on a equal footing = the same footing

제 4 장 Chapter IV

참! 좋다 (1)
be quite good!

You write a very good hand.

넌(=너는)글씨를 참 잘 쓰는구나(=쓴다).

NEON (= NEO NEUN) GEUL SSI REUL CHAM JAL SSEU NEUN GU NA (= SSEUN DA) →

넌(=너는)글씨를 참 잘 쓰는구나(=쓴다).

I had capital luck

난(=나는) 운이 참 좋았다(=좋았어요)

NAN (= NA NEUN) UN I CHAM JO AT TA → (= JO ATT SSEO YO) →

난(=나는) 운이 참 좋았다(=좋았어요)

중요숙어 IDIOMS

- 정말로 - really = truly = indeed
- 그 여자 참 미인이구나 - she is a real beauty
- 그것 참 안됐군요 - indeed, that's too bad

제 4 장
Chapter IV

아니참(=아니지 참)!
well! = oh! = uh!

Oh! it's Sunday, isn't it?

아니참! 오늘은 일요일이잖아(=일요일이지)?

I NI CHAM   O NUL EUN   IL YO IL I JAN A   (= IL YO IL I   JI)↗

아니참! 오늘은 일요일이잖아(=일요일이지)?

We had a mighty good time at the party last night.

어젯밤 파티는 참 재미있었어요(=있었다)

EO JET PPAM PA TI NEUN CHAM JAE MI IT SSEOT SEO YO (= IT SSEOT TA) →

어젯밤 파티는 참 재미있었어요(=있었다)

중요숙어
IDIOMS

- 내 생각으로 - in my judgment
- 내 생각으로는 - in my opinion = to my mind
- 생각을 말하다 - express one's opinion = give one's

제 4 장
Chapter IV

아니!
dear me = well

Well, well, well, If it is not Mr.Kim!

아니, 이거(=이 사람)김군 아닌가(=아니야)!

A NI I GEO (= I SA RAM) GIM GUN A NIN GA (= A NI YA)↗

아니, 이거(=이 사람)김군 아닌가(=아니야)!

Well, now, I have something to ask you.

참, 당신에게 물어 볼 말이 있어요.

CHAM DANG SIN E GE MUL EO BOL MAL I IT SSEO YO ↘

참, 당신에게 물어 볼 말이 있어요.

중요숙어
IDIOMS

- 아니, 당신도 와 있었군요? - Hello, you here?
- ~을 좋아하다 - like = fancy = have a liking for
- 기분 좋은 일 - a glad thing

제 4 장 Chapter IV

아니.

no = nay(부정일 때)
yes = well(물음이 긍정일 때)

Two men can't do it, no, not(can)three.

그 일은 두 명 아니, 세 명으로도 못해요.

GEU IL EUN DU MYEONG A NI SE MYEONG EU RO DO MOT HAE YO ↘

그 일은 두 명 아니, 세 명으로도 못해요.

I could eat three, yes, a dozen!

나는 세 개 아니, 그 배라도 먹을 수 있어요!

NA NEUN SE GAE A NI GEU BAE RA DO MEOK EUL SSU IT SSEO YO ↘

나는 세 개 아니, 그 배라도 먹을 수 있어요!

중요숙어 IDIOMS

● 아니라고 대답하다 - say no = answer in the negative
● 아니 그렇지 않다 - No, you are wrong = No, it is not so
● 마음에 들지 않다 - disagreeable = unpleasant

제 4 장
Chapter IV

맥주는 안 좋아해요?
Don't you like beer?

Don't you like beer? Yes, I do(아니요, 좋아합니다)

맥주는 좋아하지 않아요(＝안 좋아해요)?

MAEK JJU NEUN JO A HA JI AN A YO ♪ (= AN JO A HE YO ♪)

맥주는 좋아하지 않아요(＝안 좋아해요)?

Why, where did you find it?

아니, 이것을(＝그것을) 어디서 구했지?

A NI I GEOT SEUL (= GEU GEOT SSEUL) EO DI SEO GU HAET JJI ♪

아니, 이것을(＝그것을) 어디서 구했지?

중요숙어
IDIOMS

- 좋다(비교) - better = superior to
- (하는 편이) 낫다 - had better do
- (훨씬) 좋다 - be much better

제 4 장
Chapter IV

아니나다를까
as one expected=as (was) expected

As had been expected, he came late.

아니나다를까, 그는 늦게 왔어요(=왔습니다).

A NI NA DA REUL KKA GEU NEUN NEUT KKE WAT SSEO YO ↘ (= WAT SSEUM NI DA ↘).

아니나다를까, 그는 늦게 왔어요(=왔습니다).

As might have been expected, he failed to turn up.

아니나다를까, 그 사람 나타나지도 않았어요.

A NI NA DA REUL KKA GEU SA RAM NA TA NA JI DO AN AT SSEO YO ↘

아니나다를까, 그 사람 나타나지도 않았어요.

중요숙어
IDIOMS

- 오지 않겠니? - won't you come
- 질투로 미칠 것 같다(1) - Be mad with jealousy
- 질투로 미칠 것 같다(2) - Be mad with rage

제 4 장
Chapter IV

~하고 싶어서 미치다
Be unable to contain oneself
= be dying to do

He's driving me up the wall in a while.

그는 가끔 나를 미치게 만들어요(=만드다니까요).

GEU NEUN GA KKEUM NA REUL MI CHI GE MAN DEUL EO YO ↘ (= MAN DEUN DA NI KKA YO ↗)

그는 가끔 나를 미치게 만들어요(=만드다니까요).

The noise was quite enough to drive me mad.

시끄러워서 미칠 지경이었어요.(어젯밤에)

SI KKEU REO WO SEO   MI CHIL   JI GYEONG I EOTSSEO YO ↘ (EO JET PPAM E ↘)

시끄러워서 미칠 지경이었어요.(어젯밤에)

중요숙어
IDIOMS

- 미친듯이 - like mad = like crazy
- 통증으로 미칠 지경이다 - Be mad with pain
- 미친 사람 - (남) a madman, (여)a mad wooman

제 4 장 Chapter IV

미치게 하다
① drive a person mad
② send a person mad

It is sheer madness to do such a thing.

그런 짓(=일)을 하다니 정말 미쳤어요(=미쳤다).

GEU REON JIT (= IL) SSEUL HA DA NI JEONG MAL MI CHEOT SSEO YO ↘ (= MI CHEOT TA)

그런 짓(=일)을 하다니 정말 미쳤어요(=미쳤다).

No one in his right mind would do such a thing.

미치광이가 아닌 이상 그런 짓은 안할거에요.

MI CHI GWANG I GA A NIN I SANG GEU REON JIT SSEUN AN HAL GEO E YO ↘

미치광이가 아닌 이상 그런 짓은 안할거에요.

중요숙어 IDIOMS

- 미친 사람처럼 떠들다 - rave like a madman
- 미친 사람처럼 - like mad = madly
- 미치광이가 되다 - become mad = go mad

제 4 장 Chapter IV

미처(=아직)

Yet = before(아직)
as yet = up to now = so for(지금까지)

I didn't know that before.

저는(＝전) 그걸 미처 몰랐어요(＝몰랐다).

JEO NEUN (= JEON) GEU GEOL MI CHEO MOL RAT SSEO YO ↘ (= MOL RAT TA ↘)

저는(＝전) 그걸 미처 몰랐어요(＝몰랐다).

I was not far sighted enough to think of that.

전(＝저는)미처 거기까지는 생각 못했어요.

JEON (= JEO NEUN) MI CHEO GEO GI KKA JI NEUN SAENG GAK MOT HAET SSEO YO ↘

전(＝저는)미처 거기까지는 생각 못했어요.

중요숙어 IDIOMS

- 미처 상상도 못할 - beyond the stretch of imagination
- 미처 손도 쓰기 전에 - before we come to one's aid
- 그는 언제 간다니? - when is he supposed to go?

제 4 장
Chapter IV

~한들(~한다 할지라도)
granted that = even though = though

I may be weak, but I am sure I'm no weaker than you.

의지가 약하다 한들 너보다 약하랴.

UI JI GA YAK KA DA HAN DEUL NEO BO DA YAK HA RYA↘

의지가 약하다 한들 너보다 약하랴.

Though I leave, I'm not going away for good.

간다 한들 내가 아주 가랴(=가겠니)

GAN DA HAN DEUL NAE GA A JU GA RYA↘ (= GA GET NI↗)

간다 한들 내가 아주 가랴(=가겠니)

중요숙어
IDIOMS

- 의지가 약한 사람 - a man of weak
- 생의 욕구 - the will to live
- 살려는 의욕을 잃다 - lose the will to live

제 4 장
Chapter IV

그렇겠지(-지)
I should think so

He ought to have arrived.

지금쯤 그 사람은 도착했겠지.

JI GEUM JJEUM GEU SA RAM EUN DO CHAK HAET KET JJI →

지금쯤 그 사람은 도착했겠지.

One should be obedient to one's parents.

부모님 말씀을 들어야지.

BU MO NIM MAL SSEUM EUL DEUL REO YA JI →

부모님 말씀을 들어야지.

중요숙어
IDIOMS

- 없지않다 - not without~
- 덥지도 춥지도 않다 - It is neither hot nor cold
- ~ 매우 좋아한다 - Have passion for ~

제 4 장 Chapter IV

내가 바보지(지)
I am the fool.

I don't know whether he will go to seoul.

나는 그가 서울에 갈지 안갈지 모릅니다.

NA NEUN　GEU GA　SEOUL E　GAL JJI　AN GAL JJI　MO REUM NI DA ↘

나는 그가 서울에 갈지 안갈지 모릅니다.

How would you know that, may I ask?

어떻게 그런 것을 알 수 있지?

EO TTOET KKE GEU REON　GEOT SSEUL AL　SSU　IT JJI ↗

어떻게 그런 것을 알 수 있지?

중요숙어 IDIOMS

- 그런 사람 - such a man = a man like that
- 그런 까닭(이유)으로 - for that reason = such being the case
- 그런 식으로 - that way = in that manner = like that

제 4 장 Chapter IV

그것은 그렇고
by the way = by the bye (=by)

By the bye, how does the matter stand?

그건 그렇고, 그 일은 어떻게 되었어요?

GEU GEON   GEU REOK KO   GEU   IL EUN   EO TTEOT KKE   DOE EOT SSEO YO ↗

그건 그렇고, 그 일은 어떻게 되었어요?

While I thought it would go well, it failed.

난 잘 될 줄 알았지, 그런데 실패하고 말았어요.

NAN   JAL   DOEL JJUL   ALL AT JJI →   GEU REON DE   SIL PAE HA GO   MAL AT SSEO YO ↘

난 잘 될 줄 알았지, 그런데 실패하고 말았어요.

중요숙어 IDIOMS

- 그런데도 - and yet = for all that
- 그럴싸하다 - plausible
- 그럴 벌한 일이다 - may well be

제 4 장 Chapter IV

그럼요, 그렇고 말고요.
Oh yes, that is true

Well, I must be going now.(say good by)

그럼, 이만 실례하겠어요(＝실례해요).

GEU REOM I MAN SIL RYE HA GET SSEO YO → (＝ SIL RYE HAE YO →)

그럼, 이만 실례하겠어요(＝실례해요).

If that is the case, I will wait till tomorrow.

그럼, 내일까지 기다리겠어요(＝기다립니다).

GEU REOM NAE IL KKA JI GI DA RI GET SSEO YO ↘ (＝ GI DA RIM NI DA →)

그럼, 내일까지 기다리겠어요(＝기다립니다).

중요숙어 IDIOMS

- 그러나 저러나 - at any rate ＝ either way
- 그러니저러니 - this and that ＝ one thing or another
- 그러니저러니 할 것 없이 - without saying this and that

제 4 장
Chapter IV

어머나, 그래요?
Oh, really?

How it happened is a mystery.

그 일이 어찌 일어났는지 난 전혀 몰라요.

GEU · IL · I · EO JJI · IL REO NAN NEUN JI · NAN JEON HYEO MOL RAT SSEO YO ↘

그 일이 어찌 일어났는지 난 전혀 몰라요.

I am at a loss what to do.

어찌 해야 좋을지 난 모르겠어요.

EO · JJI · HAE YA · JO EUL JJI · NAN · MO REU GET SSEO · YO ↘

어찌 해야 좋을지 난 모르겠어요.

중요숙어
IDIOMS

- 아유, 가엾어라 - What a puty!
- 힘껏 좀 밀어라 - Push with all your might
- 자, 배불리 먹어라 - well, eat to your fill

제 4 장 Chapter IV

어찌
How = in what way = by what means.

How did you come to know him?

그 사람하곤(＝고는)어떻게 알게 되었어요?

GEU SA RAM HA GON (= GO NEUN) EO TTEOK KE   AL GE   DOE EOT SSEO YO ♪

그 사람하곤(＝고는)어떻게 알게 되었어요?

How is my father now?

아버님(＝저의 아버님)은 지금 어찌 지내세요?

A BEO NIM (= JEO UI   A BEON NIM) EUN   JI GEUM   EO JJI   JI NAE SE YO ♪

아버님(＝저의 아버님)은 지금 어찌 지내세요?

중요숙어 IDIOMS

- ~라고 말할 수 없다 - I am not certain
  = Nothing can be said on if
- 어찌 살 것인가 - How to live

제 4 장
Chapter IV

그러면 어찌 되나요.
Then what will happen to~.

How are you coming along with your work now?

당신 일은 지금 어떻게 되어 가고 있어요?

DANG SIN   IL EUN   JI GEUM   EO TTEOK KE DOE EO   GA GO   IT SSEO YO ♪

당신 일은 지금 어떻게 되어 가고 있어요?

Then what will happen to us?

그러면 저희들은 어떻게 되나요?

GEU REO MYEON JEO HI DEUL EUN   EOT TEOK KE   DOE NA YO ♪

그러면 저희들은 어떻게 되나요?

중요숙어
IDIOMS

- 잡지 못하고 놓치다 - miss catching
  = fail to catch = let slip
- 물고기를 놓치다 - lose a fish

제 4 장 Chapter IV

어떻게 되었을까?
What has become of~

What has become of him?

그 사람은 어떻게 되었을까?

GEU SA RAM EUN   EOT TEOK KE   DOE EOT SSEUL KKA ♪

그 사람은 어떻게 되었을까?

What happened here? = what's all this?

이게(=이것이)어떻게 된거에요(=된거야)?

I GE (= I GEOT SI) EOT TEOK KE DOEN GEO E YO ♪ (= DOEN GEO YA ♪)

이게(=이것이)어떻게 된거에요(=된거야)?

중요숙어 IDIOMS

- 돈 걱정 - worries about money
- 살림걱정 - cares about daily live lihood
- 쓸데없는 거정 - needless anxiety

제 4 장 Chapter IV

어떻게든 해봐요.
Try and do it somehow or other

The question must be settled one way or the other.

그 문제는 어떻게든 해결해야해요.

| GEU | MUN | JE | NEUN | EOT | TEOK | KE | DEUN | HAE | GYEOL | HAE | YA | HAE | YO ↘ |

그 문제는 어떻게든 해결해야해요.

I will contrive to be there by Two O'clock.

어떻게든 두시까진(=지는)거기에 가겠어요.

| EOT TEOK KE DEUN DU | SI | KKA JIN | (= JI NEUN) | GEO GI | E | GA GET SSEO YO ↘ |

어떻게든 두시까진(=지는)거기에 가겠어요.

중요숙어 IDIOMS

◉ 기차를 놓치다 - miss one's train
　　　　　　　 = lose one's train
　　　　　　　 = be too late for one's train

제 4 장 Chapter IV

얼마나, 몹시
How much=what=so=to what extent

I'm so glad to see you!

난 당신을 만나 얼마나 기쁜지 몰라요(＝모르겠어요).

NAN DANG SIN EUL MAN NA EOL MA NA GI PPEUN JI MOL RA YO → (= MO REU GET SSEO YO↘)

난 당신을 만나 얼마나 기쁜지 몰라요(＝모르겠어요).

I'm at a loss (to know) what to do now.

난 지금 어떻게 해야 좋을지 모르겠어요.

NAN JI GEUM EOT TEOK KE HAE YA JO EUL JJI   MO REU GET SSEO YO →

난 지금 어떻게 해야 좋을지 모르겠어요.

중요숙어 IDIOMS

- 전혀 모른다 - know nothing (about)~
- 아무도 모른다 - No body knows~
- 어찌할 바를 모른다 - do not know what to do

제 4 장 Chapter IV

넌 ~을 어떻게 생각하니?
What do you think of ~ ?

What do you think of him?

넌 그를 어떻게 생각하니(=생각하는거야)?

NEON GEU REUL EOT TEOK KE SAENG GAG HA NI ↗ (= SAENG GAG HA NEUN GEO YA ↗)

넌 그를 어떻게 생각하니(=생각하는거야)?

Can't you get here any earlier somehow?

어떻게 좀 일찍 올 수 없는거에요(=없니)?

EOT TEOK KE JOM IL JJIK OL SSU NEUN EOM NEUN GEO E YO ↗ (= EOM NI ↗)

어떻게 좀 일찍 올 수 없는거에요(=없니)?

중요숙어 IDIOMS

- 모르는 것이 약이다 - Where ignorance is bliss
- ~을 모른다고 하다 - deny any knowledge of~
- 끝까지 모른다고 우기다 - stoutly maintain one's ignorance

제 4 장 Chapter IV

어떻게 알게 되었어요?
How did you come to know?

How did you come to know him?

그 사람하곤(＝하고는)어떻게 알게 됐니?

GEU SA RAM HA GON （＝ HA GO NEUN） EOT TEOK KE AL GE DOEN NI ♪

그 사람하곤(＝하고는)어떻게 알게 됐니?

How can I ask her for a loan?

내가 그녀에게 어떻게 돈을 빌려 달라고 하니?

NAE GA GEU NYEO E GE EOT TEOK KE DON EUL BIL RYEO DAL LA GO HA NI ♪

내가 그녀에게 어떻게 돈을 빌려 달라고 하니?

중요숙어 IDIOMS

- 모르고 - without knowing it
- 모르는 말 - a word on does not know
- 글을 모른다 - be unlettered

제 4 장 Chapter IV

어떻게 되겠지.

Somehow it will come out all right.

If that is all the money required, I think I can manage it for you.

그만한 돈쯤이라면 어떻게 되겠지.

GEU MAN HAN　DON JJEUM I　RA　MYEON　EOT TEOK KE　DOE　GET　JJI →

그만한 돈쯤이라면 어떻게 되겠지.

What else in the world do you want me to do?

그럼 난 어떻게 하면 좋을까요(=되는거에요)?

GEU REOM NAN　EOT TEOK KE HA MYEON JO EUL KKA YO ↘ (= DOE NEUN GEO E YO ↗)

그럼 난 어떻게 하면 좋을까요(=되는거에요)?

중요숙어 IDIOMS

- ~ 변통되다 - be managed.
- 그럭저럭 - turn out somehow
- 어떻게 해서든 해라 - Do it as best you can.

제 4 장 Chapter IV

요즈음 어떻게 지내세요?
How are you(getting on)?

How have you been occupying yourself?

그후 당신은 어떻게 지내셨어요(＝지낸나요)?

GEU HU   DANG SIN EUN   EOT TEOK KE   JI NAE SHYEOT SSEO YO ♪ (= JI NAEN NA YO ♪)

그후 당신은 어떻게 지내셨어요(＝지낸나요)?

How is your father?

너희(＝너의) 아버님은 어떻게 지내시니?

NEO HI   (= NEO EU)   A BEON NIM EUN   EOT TEOK KE   JI NAE SI   NI ♪

너희(＝너의) 아버님은 어떻게 지내시니?

중요숙어 IDIOMS

- 그럭저럭 살아가다 - live by shift
- 뭐 그럭저럭 하고 있습니다 - I'm managing somhow
- 그럭저럭하는 동안에 - in the meantime

제 4 장 Chapter IV

~이 어때요=어떻습니까?
How is the ~ ?

How is the coffee?

커피 맛이 어때요(＝어떻습니까)?

KEO PI MAT SI EO TTEO YO ♪ (= EO TTEOT SSEUM NI KA ♪)

커피 맛이 어때요(＝어떻습니까)?

Won't you have one more?

한 잔 더 어때요(＝어떻습니까)?

HAN JAN DEO EO TTEO YO ♪ (= EO TTEOT SSEUM NI KA ♪)

한 잔 더 어때요(＝어떻습니까)?

중요숙어 IDIOMS

- 맛이 괜찮다 - taste good (enough)
- 괜찮은 수입 - a fair price
- 괜찮은 값 - a good price

제 4 장 Chapter IV

사업은 어때요?
How is your business?

How is everything with your business?

요즈음 하시는 사업은 어때요(=어떻습니까)?

YO JEU EUM HA SI NEUN SA EOB EUN EO TTEO YO ↗ (= EO TTEOT SSEUM NI KA ↗)

요즈음 하시는 사업은 어때요(=어떻습니까)?

What is your opinion?

당신(의)의견은 어때요(=어떻습니까)?

DANG SIN (UI) UI GYEON EUN EO TTE YO ↗ (= EO TTEOT SSEUM NI KA ↗)

당신(의)의견은 어때요(=어떻습니까)?

중요숙어 IDIOMS

- 괜찮으시다면 - If you don't mind (it)
- 괜찮은 여자 - a fairly pretty woman
- 밑져보았자 - even if one loses

제 4 장 Chapter IV

이렇게 하면 어때?
How about doing it this way?

What(=How)about doing it this way?

이러면 어때? = 이렇게 하면 어때요?

I REO MYEON EO TTE ↗ = I REOK KE HA MYEON EO TTE YO ↗

이러면 어때? = 이렇게 하면 어때요?

How is the movie? (good or bad)

그 영화는 어때(=어땠어)?(좋았어, 나빴어)

GEU YEONG HWA NEUN EO TTE → (=EO TTET SSEO ↗) (JO AT SSEO ↗ NA PPAT SSEO ↗)

그 영화는 어때(=어땠어)?(좋았어, 나빴어)

중요숙어 IDIOMS

- 그놈은 좋은 녀석이야 - He is a nice fellow
- 그것은 멀리서 봐야 좋다 - It looks fine at a distance
- 좋았어 나빴어 - whether it is good or bad?

제 4 장 Chapter IV

기분이 좋다
feel something pleasant=feel good

It's (be quite good) a beautiful day today!

오늘 날씨(는)참 좋다(=좋구나)!

| O NEUL | NAL SSI (NEUN) CHAM | JOT TA→ | (= JOT KU NA →) |

오늘 날씨(는)참 좋다(=좋구나)!

Really now, I have never seen such a dreadful person!

내참, 별사람 다 보겠네요(=보겠네)!

NAE CHAM, BYEOL SA RAM DA BO GEN NE YO → (= BO GEN NE ↘)

내참, 별사람 다 보겠네요(=보겠네)!

중요숙어 IDIOMS

- 참 좋다 -be quite good
- 건강이 좋다 - be in good health
- 그녀는 안색이 좋다 - she looks well

제 4 장 Chapter IV

어느쪽이든 상관없다.
I don't care which.

I hope he may recover soon.

그분이 빨리 쾌차(=나으면)하시면 좋겠어요.

GEU BUN I   PPAL RI   KWAE CHA (= NA EU MYEON) HA SI MYEON   JOT KET SSEO YO →

그분이 빨리 쾌차(=나으면)하시면 좋겠어요.

I have a preference for a fish diet.

전(=나는)생선요리를 더 좋아해요(=좋아요).

JEON (= NA NEUN) SENG SEON YO RI REUL DEO   JO A   HE YO ↘ (= JO   A YO ↘)

전(=나는)생선요리를 더 좋아해요(=좋아요).

중요숙어 IDIOMS

- ~(해)도 좋습니다 - Do you mind if I ~
- 말 솜씨가 능란하다 - be a good talker
- 사격 솜씨가 대단하다 - be good with a rifle

제 4 장
Chapter IV

이 ~를 어떻게 할까요?
What shall I do with these~?

What shall I do with these books?

이 책들을 어떻게 할까요(=해야되나요)?

I CHEK DEUL EUL EO TTEOT KE HAL KA YO↗ (= HAE YA DOE NA YO ↗)

이 책들을 어떻게 할까요(=해야되나요)?

Leave books where it is.

그 책들은 그대로 놓아 두어라(=둬라).

GEU CHEK DEUL EUN GEU DE RO NO A DU EO RA ↘ (= DWO RA ↘)

그 책들은 그대로 놓아 두어라(=둬라).

중요숙어
IDIOMS

- 책을 방바닥에 놓아두다 - lay books on the floor
- 마음이 놓이다 - one's mind be set at ease
- 마음이 놓일 때가 없다 - have no monent of ease

제 4 장
Chapter IV

# 내버려 두다
leave = allow = let

Let's leave her to solve the problem.

그녀 스스로 그 문제를 풀도록 놓아두자(＝두자꾸나).

GEU NYEO SEU SEU RO GEU MUN JE REUL PUL DO ROK NO A DU JA↘ (= DU JA KU NA↘)

그녀 스스로 그 문제를 풀도록 놓아두자(＝두자꾸나).

Let him do whatever he wants.

그가 하고 싶은 대로 하게 상관하지 말아라.

GEU GA HA GO SIP EUN DE RO   HA GE SANG GWAN HA JI MA RA RA↘

그가 하고 싶은 대로 하게 상관하지 말아라.

중요숙어
IDIOMS

- 새를 놓아주다 - set a bird free
- 잡은 물고기를 놓아주다 - put the fish back
- 이번만은 놓아주겠다 - I will let you off this time

제 4 장 Chapter IV

조금도 모른다
do not understand at all.

No one but he can do it.

그 사람 이왼 그일을 할 사람은 없어요(=없다).

GEU SA RAM I OEN GEU IL REUL HAL SA RAM EUN EOP SSEO YO ↘ (= EOP TA ↘)

그 사람 이왼 그일을 할 사람은 없어요(=없다).

I know nothing beyond that.

그 이상은 저도 잘 몰라요(=나도 모릅니다).

GEU I SANG EUN JEO DO JAL MOL RA YO ↘ (= NA DO MO REUM NI DA ↘)

그 이상은 저도 잘 몰라요(=나도 모릅니다).

중요숙어 IDIOMS

- 조금도 쓸모가 없다 - be good for nothing
- 조금도 효과가 없다 - have no effect whatever
- 조금도 헛점을 드러내지 않다 - allow no opportunity to seize

제 4 장 Chapter IV

도대체 무슨 말인지 전 모르겠어요.
I cannot make head or tail of it.

= It is all greek to me.

도대체 무슨 소리(=말)인지 난 모르겠어요.

DO DET CHE   MU SEUN   SO RI (= MAL) IN JI   NAN   MO REU GET SSEO YO ↘

도대체 무슨 소리(=말)인지 난 모르겠어요.

I can't make him out.

그이가 무슨 말을 하는지 도대체 모르겠어요.

GEU I GA   MU SEUN   MAL REUL HAN EUN JI   DO DET CHE   MO REU GET SSEO YO ↘

그이가 무슨 말을 하는지 도대체 모르겠어요.

중요숙어 IDIOMS

- 별소릴 다 듣겠다 - what a thing to say
- 그의 말은 그럴 듯하게 들린다 - His words ring true
- 그는 허풍이 세다 - He tolks big

제 4 장 Chapter IV

도대체 어디갔었니?
where the heck have you been?

What on earth do you expect me to do?

도대체 날러더(＝나더러)어떻게 하란말이에요.

DO DE CHE   NAL DEO REO (＝ NA DEO REO) EO TTEOT KE HA RAN MAL I E YO ↘

도대체 날러더(＝나더러)어떻게 하란말이에요.

Does he know any (a) fact at all?

도대체 그이는 그 사실을 알고 있대니?

DO DE CHE   GEU I NEUN   GEU   SA SIL REUL   AL GO   IT DE NI ↗

도대체 그이는 그 사실을 알고 있대니?

중요숙어 IDIOMS

- 명백한 사실 - a broad fact
- 엄연한 사실 - a hard fact
- 부인할 수 없는 사실 - an undeniable fact

제 4 장 Chapter IV

도대체 뭐하는 거에요?
What in the world are you doing?

what the devil do you mean by doing that?

도대체 너 어쩔셈으로(=생각으로)그러니?

DO DE CHE   NEO   EO JJEOL SEM EU RO   (=   SENG GAG EU RO)   GEU REO NI ↗

도대체 너 어쩔셈으로(=생각으로)그러니?

Where do you come from and who are you?

도대체 넌 어디에 사는 누구니(=누구냐)?

DO DE CHE   NEON EO DI E   SA NEUN   NU GU NI↗ (= NU GU NYA ↗)

도대체 넌 어디에 사는 누구니(=누구냐)?

중요숙어 IDIOMS

- 기회는 이것이 마지막이다 - This is our last chance
- 그러니 저러니 할 것 없이 - without saying this and that
- 그러나 저러나 - one way or the other

제 4 장 Chapter IV

도대체 어찌된 일이에요?
what the hell happend?

Look here! what the hell happend?

이봐요! 도대체 어찌된 일이에요?

| I | BWA | YO → | DO | DE | CHE | EO | JJI | DOEN | IL | I | E | YO ↗ |

이봐요! 도대체 어찌된 일이에요?

This is all I know about it.

내가 아는 것이라곤 이것뿐이에요.

| NAE | GA | A | NEUN | GEOT | SI | RA | GON | I | GEOT | PPUN | NI | E | YO ↘ |

내가 아는 것이라곤 이것뿐이에요.

중요숙어 IDIOMS
- 이것봐 좀 기다리라니까 - wait, I tell you
- 이것뿐 - this is all = no more
- 이것과 흡사한 - in the same category

제 4 장 Chapter IV

~해 보았자(기껏)
even if granting that~.

It will cost you fifty thousand won a most.

비싸보았자 기껏해야 오만원 정도일 거에요.

BI SSA BO AT JJA   GI KKEOT HE   AY   O MAN WON   JEONG DO IL   GEO E YO ↘

비싸보았자 기껏해야 오만원 정도일 거에요.

Even if you go now, you will not be able to see him.

지금 가보았자 그를 만나진(＝만나지는)못할거에요.

JI GEUM   GA BO AT JJA   GEU REUL MAN NA JIN (＝ MAN NA JI NEUN) MOT HAL GEO E YO ↘

지금 가보았자 그를 만나진(＝만나지는)못할거에요.

중요숙어 IDIOMS

- 그러나 이상하다 - It's strange, though
- 그러니까 - That is why
- 그렇다면 - if so = it is so = in that case

제 4 장 Chapter IV

글쎄, 설탕이 없다구?
what, no sugar?

Do you take a little more sugar in your coffee?

커피에 설탕을 좀더 넣어 드릴까요?

KEO PI E   SEOL TANG EUL   JOM DEO   NEO EO   DEU RIL KA YO↗

커피에 설탕을 좀더 넣어 드릴까요?

Please call back a little later.

잠시후(=조금후)에 전화를 다시주세요.

JAM SI HU (= JO EUM HU) E JEON HWA REUL DA SI JU SE YO↘

잠시후(=조금후)에 전화를 다시주세요.

중요숙어 IDIOMS

- 아주 조금 - (분량)just a little, (수량)just a few
- 조금 더 - (분량)a little more, (수량)a few more
- 돈이 조금이라도 있으면 - if one has any money

제 4 장 Chapter IV

글쎄 난 모르겠다.
Well, I don't know.

wno't you come? No, I will not

넌 안 올 거니? 그래, 난 안갈래요.

NEON　AN　OL　GEO　NI↗　GEU　RE→　NAN　AN　GAL　RE　YO↘

넌 안 올 거니? 그래, 난 안갈래요.

A little more to the right, so!

좀더 오른쪽으로, 옳다, 그래 됐어!

JOM　DEO　O REUN JJOKK　EU　RO　　OL　TA,　　GEU　RE　DWAET SSEO →

좀더 오른쪽으로, 옳다, 그래 됐어!

중요숙어 IDIOMS

- 돈이 조금 필요하다 - I want some money
- 조금 사용한 - partially used
- 통증을 조금 느꼈다 - I felt a touch of pain

제 4 장 Chapter IV

~은 ~(해도)괜찮아요?
Is this ~ good to ~ ?

Is this water good to drink?

이 물(은)마셔도 괜찮습니까(=괜찮아요)?

I　MUL (EUN)　MA SHYEO DO　GWAEN CHAN SSEUM NI KA ↗　(= GWAEN CHAN A YO↗)

이 물(은)마셔도 괜찮습니까(=괜찮아요)?

I feel a little better today.

오늘은 제 기분이 조금 나아진 것 같아요.

O　NEUL EUN　JE　GI BUN I　JO GEUM　NA　A　JIN　GEOT GAT TA YO↘

오늘은 제 기분이 조금 나아진 것 같아요.

중요숙어 IDIOMS

- 조금전에 - a little while ago
- 조금있으면 - in a little while
- 조금만 기다려요 - wait a minute

제 4 장 Chapter IV

난 그 일에 대해선 전혀모른다.

I know nothing about it.

Nothing is farther from my intention.

난 그럴 생각은 전혀없어요(=없습니다).

NAN GEU REOL SENG GAG EUN JEON HYEO EOP SSEO YO ↘ (= EOP SSEUM NI DA ↘)

난 그럴 생각은 전혀없어요(=없습니다).

That is the last thing I expected.

난 그걸(=그것을)전혀 예기치 못했어요.

NAN GEU GEOL (= GEU GEOT SEUL) JEON HYEO E GI CHI MOT HET SSEO YO ↘

난 그걸(=그것을)전혀 예기치 못했어요.

중요숙어 IDIOMS

- 그러면 그렇지 - that's what I mean
- 그런 사실없다 - There is no such fact
- 그런 사람 - such a man = a man like that

제 4 장 Chapter IV

나는 전혀 상관하지 않는다.
I don't care twopence about it.

He has not an ounce of conscience.

그는 양심이라곤(= ~고는)전혀없어요.

GEU NEUN　YANG SIM I　RA GON　(= ~　GO NEUN)　JEON HYEO EOP SSEO YO ↘

그는 양심이라곤(= ~고는)전혀없어요.

This is every bit as good as that.

이것은 저것에 비해 전혀 손색이 없어요.

I GEOT SEUN　JEO GEOT SE　BI HE　JEON HYEO　SON SEG I　EOP SSEO YO ↘

이것은 저것에 비해 전혀 손색이 없어요.

중요숙어 IDIOMS

- 조금씩 나아가다 - advance inch by inch
- 조금씩 지불하다 - mince one's pay for ~
- 그는 조금씩은 알고 있다 - He knows something

제 4 장 Chapter IV

나는 그럴 시간이 없다.
I have no time to play around.

There's no one here by that name.

그런 분은 여기에 없는데요(=안 계신데요).

GEU REON BUN EUN   YEO GI E   EOM NEUN DE YO ↗   (= AN   GE   SIN   DE   YO ↘)

그런 분은 여기에 없는데요(=안 계신데요).

Do you have any good idea?

뭐 좋은 생각이 없을까요?

MWO   JO EUN   SENG GAG I   EOP SSEUL KA YO ↗

뭐 좋은 생각이 없을까요?

중요숙어 IDIOMS

● 이것은 의미가 없다 - This does not make any sense
● 재수가 없다 - be unlucky
● 재미가 없다 - be dull = be uninteresting

제 4 장 Chapter IV

어쩔 도리가 없다
There is nothing you can do.

I don't mean to offend you.

당신 기분을 상하게 할 의도는 조금도 없었어요.

DANG SIN   GI BUN EOUL   SANG HA GE   HAL   UI DO NEUN   JO GEUM DO   EOP SSEOT SSEO YO ↘

당신 기분을 상하게 할 의도는 조금도 없었어요.

I could not help laughing.

저는 웃을 수밖에 없었어요(=없었습니다).

JEO NEUN   UT SEUL SU BAK KE EOP SSEOT SSEO YO ↘ (= EOP SSEOT SSEUM NI DA ↘)

저는 웃을 수밖에 없었어요(=없었습니다).

중요숙어 IDIOMS

- 할일이 없다 - have nothing to do
- 돈이 없다 - have no money
- 의미가 없다 - be empty of meaning

제 4 장
Chapter IV

우리 한잔 하자꾸나!
Let's have a drink shall we.

Let you and me try now.

지금 해보자꾸나(＝지금 같이 해보자).

JI GEUM HAE BO JA KKU NA→ (＝ GI EUM GAT CHI HAE BO JA →)

지금 해보자꾸나(＝지금 같이 해보자).

Let's wait and see.

두고 보자꾸나(＝가만 두고보자).

DU GO BO JA KKU NA → (＝ GA MAN DU GO BO JA →)

두고 보자꾸나(＝가만 두고보자).

중요숙어
IDIOMS

- 그 아버지에 그 아들 - Like father, like son
- 그같은 사람 - a man like that ＝ a man like him
- 눈에는 눈 - a eye for an eye

제 4 장 Chapter IV

맛있는 것 뭐 없니?
Don't you have anyting nice to eat?

= Don't you have anyting nice to eat?

뭐 맛있는 것 없어요(= 없습니까)?

MWO MAT IT NEUN GEOT EOB SSEO YO ↗ (= EOB SSEUP NI KKA ↗)

뭐 맛있는 것 없어요(= 없습니까)?

He cries at every trifle.

그는 뭐라 하기만 하면 웁니다(= 울어요).

GEU NEUN MWO RA HA GI MAN HA MYEON UB NI DA → (= UL EO YO ↘)

그는 뭐라 하기만 하면 웁니다(= 울어요).

중요숙어 IDIOMS

- 비오늘 날에는 - on a raing day
- 내 생각에는(으로는)- in my conception
- 낮에도 - in the daytime

제 4 장 Chapter IV

뭐라구?
I beg your pardon?

= What did you say?

뭐라구? = 뭐라구요? = 뭐라하셨어요?

MWO RA GU ♪   MWO RA GU YO ♪   MWO RA HA SYEOT SSEO YO ♪

뭐라구? = 뭐라구요? = 뭐라하셨어요?

I don't know what's what.

난 뭐가 뭔지 통 모르겠어요.

NAN   MWO GA   MWON GI   TONG   MO   REU GET SSEO YO ↘

난 뭐가 뭔지 통 모르겠어요.

중요숙어 IDIOMS

- 충고에도 불구하고 - in disregard of ~ advice
- 한국에도 있고 - They have both in korea and ~
- 가당찮은 소리 마라 - don' t talk nonsence

제 4 장 Chapter Ⅳ

이게 도대체 뭐야?
Whatever is this?

= What's all this?

이건(＝이것은)도대체 다 뭐야?

I GEON (＝ I GEOT SEUN) DO DAE CHE DA MWO YA ♪

이건(＝이것은)도대체 다 뭐야?

I con't make either head or tail of what you say.

당신의 말(은)뭐가 뭔지 통 모르겠어요.

DANG SIN UI MAL(EUN) MWO GA MWON GI TONG MO REU GET SSEO YO →

당신의 말(은)뭐가 뭔지 통 모르겠어요.

중요숙어 IDIOMS

- 아시는 바와 같이 - as you know
- 보시는 바와 같이 - as you see
- 약속한 바와 같이 - as promised

제 4 장 Chapter IV

뭐! 아버님이 돌아가셨다고?
What! Father dead?

What! uncle dead?

뭐! 삼촌이 돌아가셨다고(=돌아가셨다고요)?

MWO ♪ SAM CHON I   DOL A GA SYEOT DA GO ♪ (= DOL A GA SYEOT DA GO YO ♪)

뭐! 삼촌이 돌아가셨다고(=돌아가셨다고요)?

No, I won't give in.

뭐, 내가 질 줄 알고 (= 아니).

MWO♪ NAE GA   JIL   JUL   AL GO ♪   (= A NI ♪)

뭐, 내가 질 줄 알고 (= 아니).

중요숙어 IDIOMS

- 갚다(보답) - return = requite (favors).
- 갚다(손해를) -recompense (a person) for
- 갚다(원수를)- revenge = avenge = retaliate

제 4 장 Chapter IV

뭐! 그렇게 화낼 건 없잖아.
You have no reason whatever to be so angry.

You have no reason what ever to be so angry.

뭐, 그렇게 화낼 것 까지는 없잖아요.

| MWO | GEU | REOK | KE | HWA | NAEL | GEOT | KKA | JI | NEUN | EOB | JAN | A | YO ↘ |

뭐, 그렇게 화낼 것 까지는 없잖아요.

What are you? - What ? Say that again.

넌 뭐야? - 뭐? 다시 한번 말해 봐.

| NEON | MWO YA ↗ | MWO ↗ | DA | SI | HAN | BEON | MAL | HAE | BWA | → |

넌 뭐야? - 뭐? 다시 한번 말해 봐.

중요숙어 IDIOMS

- 갚다(돈을) - pay back a loan = repay a loan
- 같잖은 일로 화를 내다 - get angry at trifles
- 아니꼽다 - fresh! = perky = saucy

제 4 장 Chapter IV

뭐니뭐니해도
Say what you will = after all
= When all is said and done

After all he is the greatest star in this place.

뭐니뭐니해도 이곳에선(=-서는)그 사람이 최고야.

MWO NI MWO NI HAE DO I GOT E SEON (= SEO NUN) GEU SA RAM I CHOE GO YA↘

뭐니뭐니해도 이곳에선(=-서는)그 사람이 최고야.

Indeed there is nothing so hard to bear as poverty.

뭐니뭐니해도 가난처럼 쓰라린 것은 없어요.

MWO NI MWO NI HAE DO GA NAN CHEO REOM SSEU RA RIN GEOT SEUN EOB SSEO YO →

뭐니뭐니해도 가난처럼 쓰라린 것은 없어요.

중요숙어 IDIOMS

- 무엇 때문에 - for what reason = why
- 이것 때문에 - for this reason
- ~이 없기 때문에 - for what of = from what of

뭐니뭐니해도 거짓말처럼 싫은것도 없다.
If there is one thing I hate more another, it is a lie.

= If there is one thing I hate more another, it is a lie.

뭐니뭐니해도 난 거짓말처럼 싫은 것도 없어요.

MWO NI MWO NI HAE DO   NAN   GEO JIT MAL CHEO REOM SIL EUN GEOT DO EOB SSEO YO↘

뭐니뭐니해도 난 거짓말처럼 싫은 것도 없어요.

If there is one thing I hate more than another, it is a snake.

뭐니뭐니해도 난 뱀만큼 싫은 것도 없어요.

MWO NI MWO NI HAE DO   NAN BAEM MAN KEUM SIL EUN   GET TTO   EOB SSEO YO↘

뭐니뭐니해도 난 뱀만큼 싫은 것도 없어요.

중요숙어 IDIOMS

- 부주의때문에 - through carelessness
- 게으름(태만) 때문에 - through negligence
- 병 때문에 - on account of illness

제 4 장 Chapter IV

그래? 어째서?
Oh, really? How come?

What makes you cry?

왜 우니? = 왜 울어요? = 왜 우는 거에요?

WAE U NI♪   WAE UL EO YO♪   WAE U NEUN GEO E YO♪

왜 우니? = 왜 울어요? = 왜 우는 거에요?

What makes you laugh?

왜 웃니? = 왜 웃어요? = 왜 웃는 거에요?

WAE UT NI♪   WAE UT SEO YO♪   WAE UT NEUN GEO E YO♪

왜 웃니? = 왜 웃어요? = 왜 웃는 거에요?

중요숙어 IDIOMS

- ~을 보고 웃다 - laugh at ~
- 껄껄 웃다 - laugh loudly = cackle
- 배를 움켜쥐고 웃다 - hold one's sides with~

제 4 장 Chapter IV

# 왜 그런가 하면,
because = the reason is~

What made him do such a thing, I wonder?

왜(＝무엇때문에)그가 그런 짓을 했을까?

WAE   (＝MU EOT TTAE MUN E) GEU GA   GEU REON   JIT SEUL HAET SSEUL KKA ↗

왜(＝무엇때문에)그가 그런 짓을 했을까?

Why is he in that shape?

그는 왜 그 모양일까(＝모양인지 모르겠다)?

GEU NEUN WAE GEU MO YANG IL KKA ↗ (＝ MO YANG IN JI   MO REU GET DA ↘)

그는 왜 그 모양일까(＝모양인지 모르겠다)?

중요숙어 IDIOMS

- 일이 여기에 이르렀다 - There it is!
- 어쩔 도리가 없다 - It can't be helped
- 이것저것 생각 끝에 - after much thinking

제 4 장 Chapter IV

그는 왜 가버렸을까.
I wonder why he left.

How is it that he didn't come?

그 사람은 왜 오지 않았습니까(=않았어요)?

GEU   SA RAM EUN   WAE   O JI   AN   AT SSEUM NI KKA↗ (= AN   AT SSEO YO ↗)

그 사람은 왜 오지 않았습니까(=않았어요)?

How is it that she didn't come?

그녀는 어째서 안 왔어요(=안 왔습니까)?

GEU NYEO NEUN EO JJAE SEO   AN   WAT SEO YO ↗ (= AN   WAT SSEUM NI KKA ↗)

그녀는 어째서 안 왔어요(=안 왔습니까)?

중요숙어 IDIOMS

- 우리 넷 모두 - everyone of us four
- 그것은 어쩟든 - be that it may
- 그 비용 문제는 어쩠든 - setting aside the question of expense

제 4 장 Chapter IV

어쨌든
Anyway = in any case

Anyway, I will do what I can.

어쨌든 할 수 있는 데까진 해 볼께요.

EO JJAET DUN   HAL   SU   IT NEUN   DE KKA JIN   HAE   BOL KKE YO ↘

어쨌든 할 수 있는 데까진 해 볼께요.

Such things are few and far between.

그런 일은 어쩌다(가) 있을 뿐이에요.

GEU REON   IL EUN   EO JJEO DA   (GA)   IT SSEUL   PPUN I E   YO ↘

그런 일은 어쩌다(가) 있을 뿐이에요.

중요숙어 IDIOMS

- 안된 말(이야기)이지만 - I regret to say that ~
- 안됐네요 - I am sorry for you
- ~은 안된 일이다 - It is to be regretted that~

제 4 장 Chapter IV

어쨌든 그건 사실이에요.
Belive it or not, it's a fact.

Whatever happens, we can't abandon our journey.

어쨌든 우린 이 여행을 포기할 수 없어요.

EO JJAET DUN　U RIN　　I　YEO HAENG EUL PO GI HAL　SU　EOB SSEO YO →

어쨌든 우린 이 여행을 포기할 수 없어요.

In any case, I will make preparations for it.

어쨌든 준비는(=준빈) 해 두겠어요.

EO JJAET DUN　JUN BI NEUN　(= JUN BIN)　HAE　DU GET SSEO YO ↘

어쨌든 준비는(=준빈) 해 두겠어요.

중요숙어 IDIOMS

- 어쩌다 오는 손님 - a casual visitor.
- 어쩌다 있는 일 - a rare occurrence
- 어쩌다 찾아오다 - show up in a long while

제 4 장 Chapter IV

어! 내 사과가 없어졌네?
Well, what happened to my apple?

Well, what happend to my apple?

어! 내 사과가 없네(=없어졌네)?

EO ↗   NAE   SA GWA GA   EOB   NE → (= EOB SSEO GYEON NE →)

어! 내 사과가 없네(=없어졌네)

Why! It's ten already? Yes, I'm coming!

어! 벌써 열시야? 어! 지금 가요!

EO ↗   BEOL SSEO YEOL SI   YA ↗   EO ↗   JI GEUM   GA YO →

어! 벌써 열시야? 어! 지금 가요!

중요숙어 IDIOMS

- 그같은 - like that = such
- 그처럼 - lkie that = in that way
- 그때문에 - for that reason = on that account

제 4 장 Chapter IV

어쩌다가 알게 된 사람.
a casual acquaintance. = a pickup.

By the way, do you(happen to)know Mr. Kim?

그건그렇고, 김씨(=미스터김)를 아세요?

GEUN GEON GEU REOT KO   GIM SSI   (= MI SEU TEO GIM) REUL   A SE YO↗

그건그렇고, 김씨(=미스터김)를 아세요?

I've never heard a more charming story.

그처럼 재미있는 이야기는 난생 처음이에요.

GEU CHEO REOM JAE MI IT NEUN   I YA GI NEUN NAN SAENG CHEO EUM I E YO↘

그처럼 재미있는 이야기는 난생 처음이에요.

중요숙어 IDIOMS

- 그것으로 인하여 - on that account
- 그 사람 - he = that person = that man
- 그 무렵에 - about that time = in those days

제 4 장 Chapter IV

그건 그렇지만.
It may be so, but ~.

It may be so, but I will do anything but that.

그건(=그것은)그렇지만, 그건만은 난 못하겠어요.

GEU GEON (= GEU GEOT SEUN) GEU REOT CHI MAN GEU GEON MAN EUN NAN MOT HA GET SSEO YO↘

그건(=그것은)그렇지만, 그건만은 난 못하겠어요.

Apart from the question, show me that one.

그건 그렇다고치고, 그것부터 보여주세요.

GEU GEON GEU REOT TA GO CHI GO GEU GEOT BU TEO BO YEO JU SE YO ↘

그건 그렇다고치고, 그것부터 보여주세요.

중요숙어 IDIOMS

- 그건(그것은)그렇다치고 - Apart from the question.
- 그건만으로는 ~ 될 수 없다 - That alone will not make~
- 어떤 일이 있더라도 - Whatever may happen

제 4 장 Chapter IV

제게 필요한 것은 그것뿐이에요.

That is all I want.

= That is all I want. That's (Just) it!

내가 필요한 건 그것뿐이에요. 바로 그것이오!

NAE GA PIL YO HAN GEON GEU GEOT PPUN I E YO↘ BA RO GEU GET I O→

내가 필요한 건 그것뿐이에요. 바로 그것이오!

This is better than that in my conception.

그것보다는 이것이 더좋은 것 같아요.

GEU GEOT BO DA NEUN I GET SI DEO JO EUN GET GAT TA YO↘

그것보다는 이것이 더좋은 것 같아요.

중요숙어 IDIOMS

- 어떤 의미로는 - in a sense
- 어떤 이유에서인지 - for some reason
- 어떤 변화 - some change

제 4 장 Chapter IV

이것 좀 봐요!
Just look at this!

I'm sure you have been doing bad things.

보나마나 넌(=너는)나쁜 짓을 하고 있었겠지.

BO NA MA NA NEON (= NEO NEUN) NA PPEUN GIT SEUL HA GO IT EOSS GET JJI →

보나마나 넌(=너는)나쁜 짓을 하고 있었겠지.

Let me have a look at it.

나 좀 봐요 = 나 좀 봅시다

NA JOM BWA YO → = NA JOM BOB SSI DA →

나 좀 봐요 = 나 좀 봅시다

중요숙어 IDIOMS

- 주의하여 보다 -see carefully
- 뚫어지게 보다 - gaze intently at = look hard at ~
- 잘 보다 - have a good look at = get a good look at~

제 4 장 Chapter IV

어디선가 본 사람같아요.
I think I met him somewhere.

= I think I met him somewhere.

난 그 사람을 어디선가 본 것 같아요.

NAN　GEU　SA RAM EUL　EO DI　SEON　GA　BON　GEOT　GAT TA YO ↘

난 그 사람을 어디선가 본 것 같아요.

Let's (take a) rest at some coffeeshop.

어디 커피숍 같은 곳에 가 우리 좀 쉬어요.

EO　DI　KEO PI SYOP　GAT TEUN　GOT E　GA　U RI　JOM　SWI EO YO ↘

어디 커피숍 같은 곳에 가 우리 좀 쉬어요.

중요숙어 IDIOMS

- 어디로 보나 - seen from anywhere
- 어디 가든지 - wherever you (may) go
- 어디나 할 것 없이 - all over = everywhere

제 4 장 Chapter IV

여기가 어디에요?
What is the name of this place?

Let's go some place.

어디든(지)조용한 곳으로(우리)가요.

EO DI DEUN (JI) JO YONG HAN GOT SEU RO (U RI) GA YO ↘

어디든(지)조용한 곳으로(우리)가요.

Where is there a better place than this?

여기보다 더 좋은 데가 어디 있겠어요?

YEO GI BO DA DEO JO EUN DE GA EO DI IT GET SSEO YO ↗

여기보다 더 좋은 데가 어디 있겠어요?

중요숙어 IDIOMS

- 어디엔가 - somewhere = someplace
- 어디에서 - from where = whence
- 어디에서든지 - anyplace = anywhere = everywhere

제 4 장 Chapter IV

어디 두고봐요.

(원망) You will have to pay for this
(관망) Let's wait and see.

You will have to pay for this!

어디 두고 봐요(＝봅시다,＝보자 → 화가나)!

EO DI DU GO BWA YO→ (= BOB SI DA ↘ = BO JA → HWA GA NA →)

어디 두고 봐요(＝봅시다,＝보자 → 화가나)!

Let's wait and see.

어디 가만히 두고 봐요(＝봅시다 → 관망)

EO DI GA MAN HI DU GO BWA YO ↘ (= BOB SSI DA → GWAN MANG)

어디 가만히 두고 봐요(＝봅시다 → 관망)

중요숙어 IDIOMS

- 김가인지 하는 사람 = a (certain) Mr. Kim
- 뭔지 하얀 것 - something that looks white
- 제 2의 나 - my second self

제 4 장 Chapter IV

한국말 한번 어디 해봐요.
well, let me hear you speak some korean.

Well, let me hear you speak some English.

어디 영어 한번 해보실래요(=해보세요)!

EO DI YEONG EO HAN BEON HAE BO SIL RAE YO↗ (= HAE BO SE YO→)

어디 영어 한번 해보실래요(=해보세요)!

Just try it on.

어디 입어봐요(=보세요 = 보실래요).

EO DI IB BEO BWA YO → (= BO SE YO → BO SIL REA YO ↗)

어디 입어봐요(=보세요 = 보실래요).

중요숙어 IDIOMS

- 이전의 나 - my former self
- 지금의 나 - my present self
- 납니다(나입니다) - It's me

제4장 Chapter IV

난 어디까지나 당신 편이에요.
I'm with you all the way.

I would go to the world's end with you.

당신과 함께라면 이 세상 끝까지라도 같이 가겠어요.

DANG SIN GWA HAM KKE RA MYEON I SE SANG KKEUT KKA JI RA DO GA CHI GA GET SEO YO ↷

당신과 함께라면 이 세상 끝까지라도 같이 가겠어요.

=If it's with you, I'll go anywhere.

당신과 함께라면 어디까지라도 같이 갈거에요.

DANG SIN GWA HAM KKE RA MYEON EO DI KKA JI RA DO GAT CHI GAL GEO E YO ↷

당신과 함께라면 어디까지라도 같이 갈거에요.

중요숙어 IDIOMS

- 어느 모로 보나 - in all respects
- 어떤 일이 있어도 - through thick and thin
- 마지막까지(최후까지) - to the end

제 4 장 Chapter IV

그리 화내지 마요.
Don't be so angry.

I told you so, didn't I?

내가 너에게 그렇게 말하지 않았니?

NAE GA	NEO E GE	GEU REOT KE	MAL HA JI	AN AT NI↗

내가 너에게 그렇게 말하지 않았니?

What do you mean by that?

그것은 무슨 뜻이에요(=무슨 말이에요?)

GEU GET SEUN   MU SEUN TTEUT SI E YO ↗ (= MU SEUN MAL I E YO ↗)

그것은 무슨 뜻이에요(=무슨 말이에요?)

중요숙어 IDIOMS

- 무슨 일 - something = everything
- 무슨 일로 - one what business
- 무슨 일이나 - in everything = in all matters

제 4 장 Chapter IV

무슨 일이야?
What's cooking?

=What's cooking? - What's wrong?

무슨 일이에요?-무슨 일이 있었어요?

MU SEUN   IL   I   E   YO ↗ – MU SEUN   IL   I   IT   SSEOT SSEO YO ↗

무슨 일이에요?-무슨 일이 있었어요?

What's the matter with you? (you look pale)

안색이 안 좋은데 무슨 일이에요?

AN SEAK I   AN   JO EUN DE   MU SEUN   IL   I   E   YO ↗

안색이 안 좋은데 무슨 일이에요?

중요숙어 IDIOMS

- 말하기를 망설이다 - dare not say
- 나도 그렇다 - I, too. = same, here
- 나는 상관없다 - I do not care

제 4 장 Chapter IV

더 이상 말하지 말아요!
No another word!

Something must have happened.

무슨 일이 있는 게(＝것이)틀림없어요.

MU SEUN IL I IT NEUN GE (= GEOT SI) TEUL RIM EOP SSEO YO →

무슨 일이 있는 게(＝것이)틀림없어요.

Speak out, don't be afraid.

겁만 내지 말고 말 좀 해봐요.

GEOB MAN NAE JI MAL GO MAL JOM HAE BWA YO →

겁만 내지 말고 말 좀 해봐요.

중요숙어 IDIOMS

- 솔직히 말하다 -talk frank to
- 이유를 말하다 - give the reason for
- 말하기 힘들다 -find (it) hard to say

제 4 장 Chapter IV

뭐라 말해야 좋을지 모르겠어요.
I don't know what to say.

I'm very sorry to say so, but I must ask you go to it.

말하기가 뭐하지만 당신이 좀 가주길 바래요.

MAL HA GI GA MWO HA JI MAN DANG SIN I JOM GA JU GIL BA RAE YO ↘

말하기가 뭐하지만 당신이 좀 가주길 바래요.

Tell me her this from me.

내가 이렇게 말하더라고 그녀에게 전해줘요.

NAE GA I REOT GE MAL HA DEO RA GO GEU NYEO E GE JEON HAE JWO YO ↘

내가 이렇게 말하더라고 그녀에게 전해줘요.

중요숙어 IDIOMS

● 한국어로 말하다 - speak in Korean
● 과장해서 말하다 - talk big = magnify
● 당신 말이 맞아요 - you are quite right

제 4 장 Chapter IV

잠깐, 실례하겠습니다.
Excuse me for a moment.

I'll go out for a while.

잠깐, 다녀올께요(= 오겠습니다).

JAM KKAN DA NYEO OL KKE YO → (= O GET SSEUM NI DA →)

잠깐, 다녀올께요(= 오겠습니다).

Excuse me, but may, I ask you a question?

잠깐, 여쭈어(= 물어)보아도 되겠습니까?

JAM KKAN YEO JJU EO (= MUL EO) BO A DO DOE GET SSEUM NI KKA ↗

잠깐, 여쭈어(= 물어)보아도 되겠습니까?

중요숙어 IDIOMS

- 잠깐동안 - for a moment = for an instant
- 잠깐사이에 - within a short time
- 잠깐 생각해 보자면 - If you thing for a moment

제 4 장 Chapter IV

잠깐, 기다리세요!
Wait a second!=Just a moment

I would like to see Mr. Kim for a few minutes.

미스터 김을 잠깐 뵙고 싶습니다(=싶어요).

| MI | SSEU | TEO | KIM | EUL | JAM | KKAN | BOEB | KO | SIP | SEUM | NI | DA ↘ | (= | SIP | EO | YO ↘) |

미스터 김을 잠깐 뵙고 싶습니다(=싶어요).

Could you spare me a few moments?

시간 좀 잠깐 내주시겠어요(=내주실래요)?

| SI | GAN | JOM | JAM | KKAN | NAE | JU | SI | GET | SSEO | YO ↗ | (= | NAE | JU | SIL | REA | YO ↗) |

시간 좀 잠깐 내주시겠어요(=내주실래요)?

중요숙어 IDIOMS

- 잠깐 졸다 - dose off for a moment
- 잠깐 쉬자 - Let's rest a bit
- 여러분! = Ladies and gentlmen!

제 4 장
Chapter IV

잠깐, 생각 좀 해보고(나서)
after a moment's thought.

Ladies and gentlemen! May I have your attention.

여러분! 잠깐 드릴 말씀이 있어요(=있습니다).

YEO REO BUN ↗ JAM KKAN DEU RIL MAL SSEUM I IT SSEO YO → (= IT SSEUM NI DA →)

여러분! 잠깐 드릴 말씀이 있어요(=있습니다).

I will just go and see who it is.

누군지 잠깐 보고 올께요(=오겠습니다).

NU GUN JI JAM KKAN BO GO OL KKEO YO ↗ (= O GET SSEUM NI DA →)

누군지 잠깐 보고 올께요(=오겠습니다).

중요숙어
IDIOMS

- 나라면 - as for me
- 나로서는 - for my part
- 나무나 돌 - trees and stone

제 4 장 Chapter IV

너나 나나
You or I

Either you or I must go.

당신이든 나든 누군가는 가야해요.

DANG SIN I DEUN   NA DEUN   NU GUN GA NEUN   GA YA HAE YO ↘

당신이든 나든 누군가는 가야해요.

What do you say to seeing the movies for instance?

우리 영화나 보러 갈까요(=가겠어요)?

U RI YEONG HWA NA   BO REO   GAL KKA YO ↗ (= GA GET SSEO YO ↗)

우리 영화나 보러 갈까요(=가겠어요)?

중요숙어 IDIOMS

- 이젠 술이 없다 - The wine is all gone
- 어쩔 도리가 없다 - There is nothing you can do
- 나는 용돈이 없다 - I'm out of spending money

제 4 장 Chapter Ⅳ

생각은 좋으나~.
A good plan, to be sure, but~.

I'll go to see him, say, on sunday.

일요일에나 그를 만나러 가려고 합니다.

IL YO IL E NA GEU REUL MAN NA REO GA RYEO GO HAM NI DA↘

일요일에나 그를 만나러 가려고 합니다.

She is plain, but sweet tempered.

그녀는 얼굴은 그러하나 마음씨만은 고와요.

GEU NYEO NEUN EOL GUL EUN GEU REO HA NA MA EUM SSI MAN EUN GO WA YO↘

그녀는 얼굴은 그러하나 마음씨만은 고와요.

중요숙어 IDIOMS

- 시간을 낭비하다 - waste time = spend time
- 희망이 없어지다 - be come hopeless
- ~없어져야만 한다 - ~must go

제 4 장 Chapter IV

하지만 그건 너무 심하잖아요?
But it is asking too much isn't it?

= But it is asking too much, isn't it?

하지만 그건 너무 심한 요구가 아닌가요?

HA JI MAN GEU GEON NEO MU SIM HAN YO GU GA A NIN GA YO↗

하지만 그건 너무 심한 요구가 아닌가요?

But I will talk to her just once more.

하지만 그녀에게 얘기나 한번 더 해야겠어요.

HA JI MAN GEU NYEO E GE YAE GI NA HAN BEON DEO HAE YA GET SEO YO →

하지만 그녀에게 얘기나 한번 더 해야겠어요.

중요숙어 IDIOMS

- 예외없이 - without exceptions
- 휴일도 없이 - without holidays
- 자금도 없이 - without capital

제 4 장 Chapter IV

우리 지각하지 않도록 서두르자!

Let's hurry so we won't be late.

= Let's hurry so we won't be late!

우리 지각하지 않도록 빨리 서둘러요!

U RI · JI GAK HA JI · AN TTO ROK · PPAL RI · SEO DUL REO YO →

우리 지각하지 않도록 빨리 서둘러요!

Take care not to tell.

그이에게 말하지 않도록 해야 해요.

GEU I E GE · MAL HA JI · AN TTO ROK · HAE YA HAE YO ♪

그이에게 말하지 않도록 해야 해요.

중요숙어 IDIOMS

- 희비가 엇갈리다 - have a mingled feeling of joy and sorrow
- 똑같이 생기다 - be exactly alike

제 4 장 Chapter IV

이것은 내가 무엇보다도 좋아한다.
I like nothing better than this.

I don't know where to begin.

무엇부터 시작해야 좋을지 모르겠어요.

MU EOT BU TEO   SI JAK HAE YA   JO EUL JJI   MO REU GET SSEO YO ↘

무엇부터 시작해야 좋을지 모르겠어요.

You ought to get over that habit before everything else.

당신은 무엇보다도 고쳐야해요(=합니다).

DANG SIN EUN MU EOT BO DA DO   GO CHYEO YA HAE YO → (= HAM NI DA →)

당신은 무엇보다도 고쳐야해요(=합니다).

중요숙어 IDIOMS

- 무엇이든 좋아하는 것 - anything one likes
- 무엇인가 맛있는 것 - something nice to eat
- 무엇인가 이유가 있어서 - for some reason

제 4 장 Chapter IV

그 밖의 일이라면 무엇이든~.
I will do anything but that.

= I will do anything but that.

그 밖의 일이라면 무엇이든 하겠어요.

GEU BAK KUI IL I RA MYEON MU EOT SI DEUN HA GET SSEO YO↘

그 밖의 일이라면 무엇이든 하겠어요.

You shall have whatever you like.

원하시는 것이라면 무엇이든 드리겠어요.

WON HA SI NEUN GEOT SI RA MYEON MU EOT SI DEUN DEU RI GET SSEO YO↘

원하시는 것이라면 무엇이든 드리겠어요.

중요숙어 IDIOMS

- 무엇이든 마실 것 - something to drink
- 무엇이든 먹을 것 - something to eat
- 싼 것 - a cheap one

제 4 장
Chapter IV

그렇게 말하면 뭐하지만...
If i may be permitted to say so.

I am willing to do anything in world to help you.

당신 위해서라면 전 무엇이든 다 하겠어요.

DANG SIN   WI HAE SEO RA MYEON JEON MU EOT SI DEUN DA   HA GET SSEO YO↘

당신 위해서라면 전 무엇이든 다 하겠어요.

Would it be quite proper for me to ask him such a question?

그런 걸(=것을) 물어보면 좀 뭐하지 않을까요?

GEU REON GEOL (= GET SEUL)   MUL EO BO MYEON JOM MWO HA JI   AN NEUL KKA YO↗

그런 걸(=것을) 물어보면 좀 뭐하지 않을까요?

중요숙어
IDIOMS

- 흰 것 - a white one
- 어느 것 - which one
- 너같은 것 - such a man as you

제 4 장
Chapter IV

너 같은 건(=것은)
Such a man as you

It looks like rain.

비(가) 올 것 같아요(=같습니다).

BI (GA) OL GET GAT TA YO → (= GAT SEUM NI DA ↘)

비(가) 올 것 같아요(=같습니다).

I will go, rain or shine.

전(=저는)비가 오든 안 오든 꼭 갈거에요.

JEON (= JEO NEUN) BI GA O DEUN AN O DEUN KKOK GAL GEO E YO →

전(=저는)비가 오든 안 오든 꼭 갈거에요.

중요숙어
IDIOMS

- 남의 것 - other people's = other's
- 나 같으면 - if it were me
- 옛날같으면 - if these were the old days

제 4 장 Chapter IV

나로서는...
As for me.

As for me, I will not approve of the plan.

나로서는 그 계획에 찬성할 수 없어요.

NA RO SEO NEUN GEU GYE HOEK E CHAN SEONG HAL SSU EOB SSEO YO →

나로서는 그 계획에 찬성할 수 없어요.

If I were in your place, I would not do such a thing.

나라면 그런 일은 하지 않겠어요(＝않겠다).

NA RA MYEON GEU REON IL EUN HA JI AN KET SSEO YO ↘ (＝ AN GET DA ↘)

나라면 그런 일은 하지 않겠어요(＝않겠다).

중요숙어 IDIOMS

- 꼭 그렇다면 - if you will have it so = if you insist
- 꼭 필요하다 - want a thing = need a thing
- 꼭 죽은 사람같다 - look as if dead

제 4 장 Chapter IV

어쩔 수 없이~하다
be obliged to (do)

Well, it can't be helped.

그렇다면, 어쩔 수 없네요(=할 수 없군요).

GEU REOT TA MYEON EO JJEOL SU EOM NE YO ↘ (= HAL SSU EOB KKUN YO ↘)

그렇다면, 어쩔 수 없네요(=할 수 없군요).

Well, As for me it is quite powerless.

그렇다면, 나로서는 어찌 해 볼 도리가 없네요.

GEU REOT TA MYEON NA RO SSEO NEUN EO JJI HAE BOL DO RI GA EOM NE YO ↘

그렇다면, 나로서는 어찌 해 볼 도리가 없네요.

중요숙어 IDIOMS

- 어쩔 수 없는 사정으로 - under unavoidalble
- 마지못해 - against one's will
- 어쩔 수 없는 사실 - a fact beyond dispute

제 4 장 Chapter IV

또 무엇을 드릴까요?
Anything else?(가게 등에서)

I hope I shall see more of you. - come and see me again.

또 뵙겠어요(=뵙겠습니다)또 놀러와요.

TTO BOEB GET SSEO YO → (= BOEB GET SEUB NI DA)   DDO NOL REA WA YO →

또 뵙겠어요(=뵙겠습니다)또 놀러와요.

When will you start working again?

언제 또 일을 시작해요(=시작하는 거에요)?

EON JE TTO IL REUL SI JAK HAE YO ♪(= SI GAK HA NEUN GEO E YO ♪)

언제 또 일을 시작해요(=시작하는 거에요)?

중요숙어 IDIOMS

- 또 한마디 - one more word
- 그이와 또 한 사람 - he and one other person
- 다시 - again = once more

제 4 장 Chapter IV

난 또 누구라고!
Well, it is you!

I am sorry to put you to repeated troubles.

또 폐를 끼치게 되어 죄송해요(＝죄송합니다).

TTO PYE REUL KKI CHI GE   DOE EO   JOE SONG HAE YO →(＝JOE SONG HAB NI DA)

또 폐를 끼치게 되어 죄송해요(＝죄송합니다).

---

your thoughts echo mine.

나도 당신과 똑같은 생각이에요(＝생각입니다).

NA DO DANG SIN GWA TTOK GAT TEUN SAENG GAK I E YO ↘(＝SEANG GAK IB NI DA)

나도 당신과 똑같은 생각이에요(＝생각입니다).

중요숙어 IDIOMS

- 이것 또는 저것 - (either) this or that
- 바꾸어 말하면 - in other words
- 한번 더 - once more

제 4 장 Chapter IV

가느냐고? 아무렴 가고말고.
Will I go, you say? sure I will.

= Will I go, you say? sure I will.

가느냐고(=가겠냐고)? 아무렴, 가고말고.

GA NEU NYA GO (= GA GET NYA GO ↗)　　A MU RYEOM　GA　GO　MAL GO →

가느냐고(=가겠냐고)? 아무렴, 가고말고.

= It is just as you say = sure.

아무렴, 그렇고 말고요(=그렇고 말고).

A　MU RYEOM　GEU REOT KO　　MAL GO YO ↘ (= GEU REOT KO MAL GO →)

아무렴, 그렇고 말고요(=그렇고 말고).

중요숙어 IDIOMS

- 아무렴(물론) - of course! = certainly = sure
- 아무리 공부해도 - work as one may
- 아무리 부자일지라도 - no matter how rich may be

제4장 Chapter IV

빨리 말좀해요!
Answer promptly!

= Give me a prompt answer, please.

빨리 대답(=말)좀 해요(=해보세요)

PPAL RI　　DAE DAB　　(= MAL) JOM　　HAE YO →　(=　HAE BO SE YO →)

빨리 대답(=말)좀 해요(=해보세요)

---

please go as fast as you can.

될 수 있는대로 빨리 좀 가 주세요(=줘요).

DOEL SSU　IT NEUN DAE RO　　PPAL RI　JOM　　GA　　JU SE　YO → (= JWO YO)

될 수 있는대로 빨리 좀 가 주세요(=줘요).

중요숙어 IDIOMS

- 그의 최근의 책 - his latest book
- 최신 유행 - the latest fashions
- 빨리 해 - Hurry up! = Look alive! = Quick!

제 4 장 Chapter IV

생각했던 것보다 값이 비싸다.

It costs more than I thought.

No matter how you look at it, this is a little too expensive.

아무리뭐래도 이건(=이것은)좀 비싸네요.

A MU RI MWO REA DO I GEON (= I GET SEUN) JOM BI SSA NE YO →

아무리뭐래도 이건(=이것은)좀 비싸네요.

Please, I'm afraid it's too.

그건 너무 비싸게 먹히는 것 같아요.

GEU GEON NEO MU BI SSA GE MEOK HI NEUN GEOT GAT TA YO ↘

그건 너무 비싸게 먹히는 것 같아요.

중요숙어 IDIOMS

- 아무리 길어도 - at the longest
- 아무리 늦어도 - at the latest
- (마지막) 막차 - the latest train

한글 공부책 도움 주신 곳

1. 태평양 편집부(교열)
1. 큰방 출판사
1. 우리글 기획사
1. 한글사랑연구협회

세계인의
한글공부

2023년 11월 30일 초판인쇄
2023년 12월 10일 초판발행

태평양 편집부 편
펴 낸 이 박 종 수
펴 낸 곳 (유)태평양저널
공 급 처 (유)한국영상문화사
주   소 서울특별시 영등포구 신길동 340-1
전   화 02)834-3689
팩   스 02)834-1802
등   록 1991년 5월 3일(2017-000030)

ISBN 979-11-982098-8-7

정가 : 12,000원